Original English
language edition by
OXFORD
UNIVERSITY PRESS

14歳から考えたい

暴力

フィリップ・ドワイヤー
Philip Dwyer
荻野哲矢＝訳

A Very Short Introduction

Violence

すばる舎

謝辞

本書の草稿《そうこう》に対して、とても有益なコメントや提案を寄せてくれたマーク・エデル、ピーター・ヘンプストール、マイケル・オンダーチェ、エリザベス・ロバーツ＝ペダーセンの各氏、そして匿名《とくめい》の読者のみなさまに深く感謝します。その惜《お》しみない協力と協働的な支援のおかげで、本書はとても多くの面で改善されました。また、原稿を読み、修正してくれた妻《つま》のアンドレアにも心から感謝しています。リデル＝ハートの引用についてはジョーダン・ビーヴィス氏に謝意を表《ひょう》します。そして、この「ベリー・ショート・イントロダクション」シリーズの一冊を完成へと導《みちび》いた、オックスフォード大学出版局のアンドレア・キーガン、ジェニー・ニュージー、ルシアナ・オフラハティ、ヘンリー・クラークにもお礼を述《の》べたいと思います。また、校正《こうせい》のエドウィン・プリチャード、ジャッキー・プリチャードには、本書をシリーズにふさわしいかたちに整《ととの》えていただきました。厚く感謝します。第１章の暴力の理論化に関する箇《か》所《しょ》、第２章の殺人に関する箇所《かしょ》、第６章の植民地暴力に関する箇所《かしょ》については、わたしが以前に発表した内容をもとにしており、これらの出典については巻末の参考文献と「さらに読みたい読者に」に記載《きさい》しています。

わたしはたいへんに幸運にも、2019年の後半にイリノイ大学アーバナ・シャンペーン校でフルブライト上級研究員として温かい歓迎を受けるとともに、本書に含《ふく》まれるいくつかのアイデアを執筆し、検討する機会をいただきました。現地でさまざまにとりはからってくださったマーク・ミカレ氏に深く感謝します。また、2020年の２学期にオックスフォード大学オール・ソウルズ・カレッジの客員研究員として、教務を免除《めんじょ》されたことも幸運でした。暴力について熟考《じゅっこう》し執筆に専念《せんねん》する時間をとることができました。本書の構成の大部分は、わたしが数年間にわたり教えてきた学部課程の講義内容にもとづいています。この講義のなかで学生たちは、しばしば疑問を投げかけ、それによってわたし自身の思考をより明確な方向へと促《うなが》してくれました。また、学生たちのおかげで、必ずしも自明とはいえないさまざまな暴力どうしの関連性について考えを深めることができました。この講義と学生たちのおかげで、ほかでは不可能だっただろう方法で暴力の本質について探求することができたと感じています。学生たちもわたしと同じように実《みの》りあるプロセスだったと感じてくれたことを祈《いの》っています。

編集部注　上記の原著者コメントは原著英語版に対してのものです。本書における日本語訳や日本語版で新たに追加した頭注《とうちゅう》などの文責《ぶんせき》は、すべて日本語版の版元《はんもと》（すばる舎）が負《お》います。

原著の内容紹介から——まえがきにかえて

暴力は人類が太古《たいこ》からもっている特徴のひとつです。時代や地域を問わず、すべての文化や社会で暴力は存在してきました。しかし、あらゆる集団や個人が暴力的というわけではありませんし、社会によってその暴力の度合《どあ》いも異《こと》なります。

フィリップ・ドワイヤーによる、この「ベリー・ショート・イントロダクション」の一冊、『暴力』では、現代社会において目に見えるかたちで発生する身体的な暴力を検証し、暴力の長い歴史をたどり、暴力が減少しているという主張に異議《いぎ》をとなえます。各章では、対人暴力やジェンダー暴力、集団的暴力や宗教的暴力など、暴力のさまざまな側面に焦点をあてています。

ドワイヤーは、過去と現在における、暴力についてのさまざまな考え方を理解するためには、その考え方が生じた、文化的、社会的、経済的、政治的な文脈《ぶんみゃく》をふまえて個別に考えることがだいじだといいます。

⚠ 本書は複数箇所《かしょ》にわたり衝撃的な写真を掲載しています。ご留意のうえお読みください。

もくじ

〈凡例《はんれい》〉

本文中の〔〕内は訳注です。それとは別に対照や列記する表現を〈〉に入れた箇所《かしょ》があります。

第二章から第六章の冒頭部分に、原著にはない小見出《こみだ》し、「この章のはじめに」を立てました。また、第七章の小見出《こみだ》しはいずれも原著にはなく、本書(日本版)で新たに立てたものです。

読みやすさや見た目などへの配慮《はいりょ》から、原著でつづいている箇所《かしょ》で改行をほどこしたり、逆に原著で改行がある箇所《かしょ》を前段落につづけたりした部分があります。

Chapter

1

暴力、その過去と現在

暴力について考える

「暴力」とは、攻撃的な行為《こうい》を幅広《はばひろ》く含《ふく》むことばです。

たとえば、親が子どもを殴《なぐ》る、**配偶者**《はいぐうしゃ》がパートナーを殴《なぐ》りさらには殺害する、**マフィア**が敵を排除《はいじょ》する、不良グループが女性をレイプする、軍や警察が容疑者を拷問《ごうもん》する、少年兵士が命令を受けて殺害する、自爆テロで他人を道連《みちづ》れにする、暴徒《ぼうと》が車に放火する、村人が鉈《なた》で隣人《りんじん》をたたき切る……。

世のなかに暴力とよばれるものは数えきれないほどあります。あまりに多くの社会や文化に蔓延《まんえん》しているため、「暴力は人間の本質の一部をなすのではないか？」とさえ考えたくなります。

配偶者　婚姻《こんいん》関係にあるパートナー（結婚している者どうし）のこと。夫《おっと》から見て妻《つま》、あるいは妻《つま》から見て夫《おっと》のこと。「つれあい」。「配偶《はいぐう》」は「つきそわせる」の意。

マフィア　原文は〈mobster〉、つまり「犯罪組織」だが、ここではイタリア語〈Mafia〉に由来《ゆらい》する和製カタカナ語「マフィア」とした。もとは地中海に浮《う》かぶシチリア島から広がった犯罪グループ名。今では「犯罪組織」全般《ぜんぱん》をいうときにも使われる。

近代社会　ふつうは一七世紀から一八世紀にかけて、ヨーロッパを中心にして成立したとされる、自由や平等などを重要なものとする社会のこと。現代につながる社会のしくみや考え方が生まれた時代といえる。

たしかに、すべての社会に暴力が存在し、すべての個人が暴力をおこなう可能性がありますが、かといって、すべての社会と個人が同じように暴力的というわけではありません。しかし、その一方で、暴力が歴史をつうじてつねに存在してきたと考えると、わたしたち人間という生物種《しゅ》について数々の疑問が生じます。

暴力は人間に自然に備《そな》わるものなのでしょうか。それとも、人間は抵抗感《ていこうかん》がありながらも、それをのりこえて暴力行為《こうい》におよぶのでしょうか。

そして現代人は、過去数世紀の人びとよりも（その文化によりけりですが）その抵抗感《ていこうかん》が強いため、暴力を控《ひか》えるのでしょうか。あるいは暴力は、文化それぞれで役割をもった社会的な手段や機能なのでしょうか。

この本では、一八世紀半《なか》ば以降の**近代社会**における歴史上の暴力について考えます（ただし、ある種の暴力についての知識が必要な場合には、それ以前の時代にも立ち入ります）。また、近代社会における暴力が前《ぜん》近代社会とどのようなちがいがあるか、さらには、そうしたちがいの重要な点を明らかにしたいと思います。

つまり、暴力とはなにか、そして暴力のすがたが世界の各地域においてどのように異《こと》なるかを理解するということです。

このような時代や地域、文化による差異《さい》を考えるにあたって、暴力は**それぞれの文化で相対的《そうたいてき》**なものであるという仮説《かせつ》を採用したいと思います。

それはたとえば、世界のある地域では、ある行為《こうい》がその社会のほとんどの人びとにとって許せない違反行為《いはんこうい》とされる一方で、世界の別の地域では、同じ行為《こうい》がまったく正当《せいとう》だと見なされる場合があるということです。

つまり暴力とは、ある社会において暴力的であると認められる行為《こうい》のことであり、許容《きょよう》されることと許容《きょよう》されないこと、受け入れられることと受け入れがたいことのちがいなのです。

歴史学者の**フランシスカ・ロエツ**（Francisca Loetz）がうまく説明したように、だいじな問題は、「暴力とはなにか?」ではなく、「ある社会において、なにが暴力となり、それはどういうものなのか?」なのです。

それぞれの文化で相対的　こうした考えの源流《げんりゅう》のひとつに、ドイツ生まれの米国の人類学者フランツ・ボアズ（Franz Boas 一八五八〜一九四二）によって二〇世紀のはじめに確立され、ボアズの死後、弟子《でし》たち（「ボアジアン」ともよばれる）によって一般的に使われ広まった考えである「文化相対主義」がある。

フランシスカ・ロエツ　スイスのチューリッヒ大学教授。近現代史が専門。性的暴力の歴史にくわしく、ドイツ語メディアなどに発信している。

これは暴力とは、たんに主観的《しゅかんてき》なものであるという意味ではなく、それぞれの社会において、個別の文化的、社会的、経済的、政治的文脈《ぶんみゃく》〔文脈は、ものごとのいきさつや前後のつながりなどのこと〕のなかで暴力を理解しなければならないという考えです。

定義の問題

あなたがこの本を読んでいる今この瞬間にも、まずまちがいなく世界のどこかで、さまざまな暴力がおこなわれています。

したがって、暴力を理解すること、その意味、メカニズム、機能、用途《ようと》を理解するためには、わたしたちが生きているこの世界を理解しなければなりません。そして暴力は、それをおこなう個人や集団に注目が集まりがちですが、より広く、国や制度も含《ふく》めた、個人が暮《く》らす社会全体を映《うつ》したものでもあります。

暴力というのは、それでもなお曖昧《あいまい》な概念《がいねん》です。その定義の範囲《はんい》は、それぞれの社会の文化的、政治的慣習《かんしゅう》に左右され、また時代とともに変化もします。

この点は重要です。たいていの場合、「暴力」ということばは、それぞれの社会において乱暴な行為《こうい》であるとされるものに用《もち》いられます。

さらに、レイプ、殺人、幼児殺し、虐殺《ぎゃくさつ》、**ジェノサイド**など、暴力にはいろいろな種類があり、それぞれどのようなケースで当てはまるのか、それらの定義についての議論があります。

暴力についての議論を「暴力とはなにか？」という問いからはじめるのは一般的なことでしょう。

そして、それに対する答えは「時《とき》と場合による」です。

そう聞くと話をごまかしたかのように思われるかもしれませんが、暴力の二つの定義によって、わたしの真意《しんい》を説明させてください。ひとつは狭《せま》い定義、もうひとつは広い定義です。

まずは、オランダの犯罪学者**ピーテル・シュピーレンブルク**（Pieter Spierenburg）が人類学者**デヴィッド・リッチーズ**（David Riches）からヒントを得た定

ジェノサイド（genocide）　ある集団を構成するメンバーを殺すこと、つまり「集団殺害」のこと。ただし、一九四八年の国連総会で採択《さいたく》された「ジェノサイド条約」（正式名「集団殺害罪の防止及《およ》び処罰《しょばつ》に関する条約」）は一五〇以上の国が批准《ひじゅん》しているが、その第二条で「ジェノサイド」ということばに、「集団殺害」以外に「精神的危害《きがい》」や「移動の強制」なども含《ふく》めた広い解釈をした定義づけをしている。

ピーテル・シュピーレンブルク（一九四八～二〇一九）　オランダのエラスムス・ロッテルダム大学で犯罪学部の客員教授をつとめた。

デヴィッド・リッチーズ（一九四七～二〇一二）　おもな著書に『北方遊牧狩猟採集民』、編著に『暴力の人類学』がある。

義で、暴力を「**身体の完全性**に対する意図的な侵害《しんがい》」〔傍点訳者〕とするものです。この暴力の考え方は、他人に物理的な危害《きがい》を加えることに限定されており、心理的暴力による加害や、暴力の後遺症《こういしょう》的に経験する**心的外傷**《しんてきがいしょう》などは除外《じょがい》されている狭《せま》い定義です。

また、もうすこし広い定義としては、**世界保健機関**（WHO）によるものがあり、そこでは、「自分自身、他人、または集団や共同体《きょうどうたい》に対して、意図的に物理的な力《ちから》を実際《じっさい》に行使《こうし》する、または行使《こうし》の脅《おど》しをすることであり、その結果、傷害、死亡、心理的危害《きがい》、発育不全、もしくは欠乏《けつぼう》にいたるか、または、いたる可能性が高いもの」と包括的《ほうかつてき》に記述しています。

この定義では、暴力は身体的な侵害《しんがい》だけでなく、暴力がもたらす感情的、心理的に有害な後遺症《こういしょう》についても含《ふく》まれています。

どちらの定義においても、「意図的《いとてき》（intentional）」ということばが重要です。

したがって、事故（交通事故や偶発的《ぐうはつてき》な発砲《はっぽう》など）は除外《じょがい》されますが、戦争、殺人、レイプ、拷問《ごうもん》、体罰《たいばつ》、乱闘《らんとう》、自殺、そして国家的暴力といったほとん

身体の完全性（physical integrity of the body）「身体自主権《じしゅけん》」または「身体的インテグリティ」と訳されることもある概念《がいねん》で、自分の身体は自分のものだという基本的人権にも関《かか》わる考え方。

心的外傷（psychological trauma）こころに衝撃《しょうげき》を受けるようなことがきっかけとなって、その後も長きにわたりショックにとらわれてしまう後遺症《こういしょう》のこと。たんに「トラウマ」とも。

世界保健機関（World Health Organization）第二次世界大戦後の一九四六年にニューヨークで開かれた国際保健会議で採択《さいたく》された世界保健憲章《けんしょう》によって設立《せつりつ》された組織。その憲章《けんしょう》の冒頭《ぼうとう》（第一条）に掲《かか》げられた、「すべての人びとが可能な最高の健康水準に到達すること」を目標にして世界で活動してい

どの暴力行為《こうい》が含《ふく》まれます。しかし、どちらの定義にも、ジェノサイドのさいにしばしば同時に標的となる、文化財や遺跡《いせき》のような無生物《むせいぶつ》〔生物ではないもの〕の破壊は含《ふく》まれていませんし、また人類が何世紀にもわたって動物や環境にあたえてきた計り知れない破壊についても考慮《こうりょ》されていません。

かつての時代には暴力と見なされなかった、人びとを威圧《いあつ》や力《ちから》によって**搾《さく》取《しゅ》**をともなう関係に縛《しば》りつけるしくみなどを暴力の定義に含《ふく》めることも論じられるようになっています。

それはたとえば、奴隷《どれい》制度や強制労働、人体の一部や人そのものの人身売買《じんしんばい》《ばい》、ゆっくりと気づかないままに病気を招《まね》いて寿命を縮《ちぢ》めるような貧困《ひんこん》、土地の乱開発《らんかいはつ》や自然破壊などです。

また、人種差別、監禁《かんきん》（それにともなう身体的・精神的暴力）、予防可能なのに予防しなかった病気や事故による死、酷使《こくし》、動物虐待《ぎゃくたい》、食用動物の機械的な殺処分《さっしょぶん》、いじめ、侮辱《ぶじょく》、暴言（とくにそれが自傷や自殺につながる場合）といったものも暴力の一種とする学者もいます。

る。略称ＷＨＯ（ダブリュー・エイチ・オー）。

搾取（exploit）　しぼりとること。もとは果実や、動物の乳房《ちぶさ》から、果汁や乳《ちち》をしぼる意味だったが、そこから転じて、労働や価値あるものを強制的に〝しぼりとる〟ように収奪《しゅうだつ》（うばうこと）する意味として使われるようになった。資本主義《しほんしゅぎ》の社会を批判的に語るときのキーワードとして使われる。

こうした広い定義においては暴力における「意図《いと》」の要素に疑問が投げかけられます。つまり、暴力には身体的なもの以外も含《ふく》まれ、そして暴力行為《こうい》によってもたらされる結果は必ずしも明白な意図《いと》とは結びつかないと主張されるのです。

たしかに、たいていの暴力行為《こうい》は故意《こい》に〔わざと〕おこなわれるものですが、その結果となると予測しきれず、当初の意図《いと》を大きく超える場合があります。

ここまでですでにおわかりでしょうが、暴力について正確に定義することはとてもむずかしいのです。

この本では暴力をひじょうに広くとらえた定義は採用しません。したがって、暴力について定義した有名な思想家たちを必ずしもすべては取り上げません。

それはたとえば、**構造的暴力**（structural violence）という概念《がいねん》を最初に提唱《ていしょう》したノルウェーの社会学者**ヨハン・ガルトゥング**（Johan Galtung）や、象徴《しょうちょう》暴力（symbolic violence〔フランス語では violence symbolique〕）という考え方を発展させたフラ

構造的暴力　直接的・物理的な暴力ではないものの、社会のしくみなどで生《しょう》じ、受けつがれてきた貧困や差別などの間接的な暴力。

ヨハン・ガルトゥング（一九三〇～二〇二四）　たんに戦争のない状態を「消極的平和」とし、これに対して、人権が尊重されて貧困や差別をはじめとする構造的暴力のない「積極的平和」を強調する考えを提案。主著『構造的暴力と平和』。

ンスの社会学者**ピエール・ブルデュー**（Pierre Bourdieu）、目に見える「主観《しゅかん》的《てき》」暴力と、目に見えない「客観的《きゃっかんてき》」暴力を区別するスロベニアの哲学者**スラヴォイ・ジジェク**（Slavoj Žižek）です。

三人とも、暴力における意図《いと》の要素を疑問視し、暴力は身体的なものにかぎらず、そして暴力行為《こうい》は意図《いと》を上回る、予期しない結果を生む場合がよくあると主張しています。

わたしが用《もち》いる暴力の定義を範囲《はんい》が狭《せま》いと思う人もいるかもしれませんが、この本においては、暴力について、他者や集団、コミュニティに意図的に危害を加えたいという明確な欲求から生じた、身体的傷害や死亡にいたる行為〔強調は原著者〕に限定して論じることにします。

つまり、目にはっきり見える物理的な暴力行為《こうい》（対人関係、**ジェンダー**、共《きょう》同体《どうたい》、宗教、性的、犯罪、政治などの理由で生《しょう》じる暴力）に焦点をあて、そうではないほかの形態の暴力については最終章でのみふれます。

ピエール・ブルデュー（一九三〇～二〇〇二）　主著に『ディスタンクシオン』（フランス語で「区別」や「卓越《たくえつ》化《か》」と訳される）（邦訳書《ほうやくしょ》は藤原書店刊）。

スラヴォイ・ジジェク（一九四九～）　スロベニアのリュブリャナ大学の社会学研究所の教授。おもな邦訳書《ほうやくしょ》に『暴力——6つの斜《なな》めからの省察《しょうさつ》』（青土社）、『人権と国家——世界の本質をめぐる考察《こうさつ》』（集英社新書）、邦訳《ほうやく》近刊に『戦時から目覚めよ』（NHK出版）。

ジェンダー（gender）　生物学的な性別《せいべつ》でなく、社会における性《せい》差《さ》という意味での性別《せいべつ》のこと。経済や教育、政治参加などの分野での世界各国の男女間の不均衡《ふきんこう》をあらわすものに「ジェンダー・ギャップ指数《しすう》」があるが、日本は一四六か国中で一一六位だった（二〇二二年度）。

暴力へのアプローチ

暴力はその定義だけでなく、研究するためのアプローチ方法にも、分野によって、それぞれちがいがあります。

これまで多くの進化心理学者、社会生物学者、人類学者、考古学者、生物考古学者、心理学者、精神医学者、犯罪学者、さらには歴史学者、社会学者、政治学者が、初期人類や動物における暴力の起源《きげん》から、暴力の原因や意味、影響についての最新の学説にいたるまで、暴力についての理論を提唱《ていしょう》してきました。

そして、その議論は幅広《はばひろ》い学問分野にわたって現在進行形でつづき、人間がその本質として暴力的なのか、いいかえれば、暴力は人間にとって〈進化の過程や**遺伝子**《いでんし》に組《く》み込《こ》まれたものなのか〉、それとも〈文化的・歴史的な背景によるものなのか〉という**二元論**《にげんろん》を中心に展開されています。

進化心理学者にとって、暴力は大昔の**先史時代**《せんしじだい》に根ざし、何世紀にもわたって進化してきた生物学的メカニズムであるということになります。

遺伝子　親から子へ、親がもつ性質が受けつがれていくことを遺伝《いでん》といい、それをになう体の細胞《さいぼう》内にふくまれた物質を遺伝子《いでんし》という。

二元論　両極《りょうきょく》にある二つの考えを軸《じく》にしておこなわれる論議のこと。これに対して、より多く（三つ以上）の考えをとりあつかう議論を「多元論《たげんろん》」という。

先史時代　まだ文字がなく歴史が記録されることがなかった時代。

人間がもつ攻撃的な衝動《しょうどう》は、食糧《しょくりょう》などの貴重な資源《しげん》を獲得《かくとく》し、繁殖《はんしょく》相手を見つけ、**捕食者**《ほしょくしゃ》を避《さ》ける必要性から生《しょう》じたものであり、そのおかげで生物種《しゅ》として生き残ることができたというわけです。

暴力を進化論の観点から考える場合、遺伝子《いでんし》や**ホルモン**のはたらきをもとに、暴力につながる多くの生物学的衝動《しょうどう》（または動機）を仮定します。たとえば、攻撃行動は食べ物、住《す》みか、性交など特定の目標への衝動《しょうどう》を実現する手段となります。遺伝子《いでんし》はわたしたち人間を直接に暴力的にするのではなく、たんに暴力へとつながる要因をもっているだけなのです。

軍事思想史家**アザール・ガット**（Azar Gat）は、進化論によって、人間の攻撃性が生存の戦術的なスキルとして、〈生まれつきのもの〉であると同時に〔強調は原著者〕〈獲得《かくとく》したもの〉でもあるという説が立てられたとし、そのおかげで、暴力についての「遺伝《いでん》〔nature 生まれ〕か、環境〔nurture 育ち〕か」という論争が解決されたといいます。つまり、遺伝子《いでんし》の機能が発現《はつげん》〔あらわれること〕するには環境が重要な役割をはたすということです。

捕食者　つかまえて食べようとするもの。ここでは人間をねらうライオンやトラなどの猛獣《もうじゅう》。

ホルモン　体の内外で起こったさまざまなことに反応して、体内の特定の器官《きかん》でつくられ分《ぶん》泌《ぴつ》され、体液《たいえき》をつうじて体じゅうをかけめぐり、ほかの特定の細胞《さいぼう》にさまざまな効果をおよぼす化学物質。その分泌《ぶんぴつ》バランスがくずれると体に変調《へんちょう》をきたすことになる。

アザール・ガット（一九五九〜）イスラエルの歴史家。テルアビブ大学教授。専門は戦争学、軍事理論、戦略学。主著に『人類文明における戦争』、近著に『イデオロギーの固定化』。

この考えにしたがえば、人びとのふるまいはどのような環境で育ったかによって変わるのですから、ある社会がほかの社会よりも暴力的となる理由が説明できます。

さらに、体のパーツのなかには、生存競争のために発達し、長い年月をかけて選択されたものもあると主張する進化学者もいます。たとえば、**手のこぶしと顔は**、男性どうしのケンカのさいに相手にケガを負《お》わせたり、または逆に自分のケガを最小限に抑《おさ》えたりするために**進化した可能性があるとする研究**もあります。

一方で、こうした進化心理学は、生物心理学の立場から批判されています。その代表格は**アントニオ・ダマシオ**（Antonio Damasio）や**デヴィッド・J・ブラー**（David J. Buller）で、二人とも、自然選択だけでは人間の心理的特性がすべて同じになるはずがないと指摘《してき》しています。

また、進化心理学には一〇万年前に人間の脳が完成したとする説がありますが、ブラーはそれより後の時代にも脳は大きな変化を遂《と》げただろうといい

手のこぶしと顔は…進化した可能性があるとする研究　米国ユタ大学の生物学者、キャリア（David R. Carrier）教授らが《Biological Reviews》誌で報告したもの。

アントニオ・ダマシオ（一九四四〜）ポルトガル出身の米国人の神経科学者。一九九四年の著書『デカルトの誤《あやま》り』で世界的に注目をあびた。近著の邦訳書《ほうやくしょ》に『ダマシオ教授の教養としての「意識」』（千葉敏生《としお》訳、ダイヤモンド社）がある。

デヴィッド・J・ブラー（一九五九〜）米国の科学哲学者。ノーザンイリノイ大学哲学科教授。

ます。とはいえ、科学者が文化の影響を認め、また歴史学者が昔の人びとの行動を理解するうえで生物学が役立つと考えている現在にあっては、暴力のおもな要因は〈遺伝子《いでんし》〉か〈文化〉か、といった議論は、ますます重要性が薄《うす》れていると思います。

また、人類の古い祖先をつうじて現代について考えるアプローチには、ほかの方法もあります。それは、オーストラリアの**アボリジナル**の社会やアマゾンの先住社会など、都市文化に同化《どうか》していない昔ながらの「純粋な」狩《しゅ》猟採集《りょうさいしゅう》をおこなっている部族の社会を調べて参考にするという方法です。

こうした部族社会では、（統計的にみて）工業化された社会よりもはるかに殺人が起こりやすいという説があります。こうした部族社会の研究から、先《せん》史時代《しじだい》の狩猟採集民《しゅりょうさいしゅうみん》は「純粋な」狩猟採集民《しゅりょうさいしゅうみん》と類似《るいじ》しているはずであり、したがって、その殺人率も同じくらい高かったにちがいないと論じる人類学者もいます。

現代や近い時代の狩猟採集民《しゅりょうさいしゅうみん》のデータを用《もち》いて、太古の先史時代《せんしじだい》につい

アボリジナル（aboriginal）　オーストラリア大陸とその周辺のタスマニア島などの群島（ニューギニアやニュージーランドは除《のぞ》く）の先住民族をさすさいに用《もち》いることば。かつては総称《そうしょう》として「アボリジニ（Aborigine）」という単数名《たんすうめい》詞《し》が使われていたが、差別的なニュアンスがあるとされ、近年は代わりに「アボリジナル・ピープル（Aboriginal People）」などのように形容詞の「アボリジナル」が用《もち》いられるようになった。あるいは、より広くトレス海峡諸島民を含《ふく》めて「オーストラリア先住民（Indigenous Australians）」とよぶこともある。

て推定するという手法を疑問視する人もいるでしょう。しかし、人類学ではこの話をもとにして、初期人類はひじょうに暴力的であり、農耕《のうこう》以前の社会はつねに戦争状態にあったと主張する人びとと、そのような一面的なレッテルに異議《いぎ》をとなえ、初期の狩猟採集民《しゅりょうさいしゅうみん》には暴力はほとんどなかったと主張する人びとのあいだで現在も論争がつづいています。

人類学者や考古学者のあいだでは後者の〈平和的だった〉とする見解が一般的でしたが、一九九六年に**ローレンス・キーリー**（Lawrence Keeley）が『文明化以前の戦争（*War Before Civilization*）』〔副題は「平和な野蛮人の神話」（The Myth of the Peaceful Savage）。オックスフォード大学出版局刊〕を発表すると状況は一変し、新たな研究が活発になり、現在までつづく論争が生じました。

キーリーは、先史時代《せんしじだい》において他人との衝突《しょうとつ》や、ほかの部族との戦争があったとし、平和的な狩猟採集民《しゅりょうさいしゅうみん》という、いわば人類学的「神話」を、説得力のある考古学上の証拠《しょうこ》によって否定したのです。

しかし、同じ人類学者でも**ダグラス・フライ**（Douglas Fry）や**ブライアン・ファーガソン**（Brian Ferguson）らはキーリーの仮説《かせつ》に疑問をなげかけ、狩猟採《しゅりょうさい》

ローレンス・キーリー（一九四八〜二〇一七）米国の考古学者。イリノイ大学シカゴ校で考古学教授をつとめた。旧石器時代の石器の分析から太古の人類の行動を復元する研究で先駆的《せんくてき》な活躍をした。

ダグラス・フライ（一九五三〜）米国の人類学者。現在、アラバマ大学バーミンガム校の人類学部長。戦争が人類の進化に根ざすとの主張に反対する立場をとっている。主著に『戦争と平和、および人間の本性』。

ブライアン・ファーガソン（一九五五〜）米国ラトガース大学ニューアーク校の人類学の終身教授。近著に『チンパンジー、戦争、そして歴史――人間は殺すために生まれてきたのか？』。

集民《しゅうみん》は他人への暴力や部族内あるいはほかの部族への暴力を避《さ》ける傾向が強く、全体として平和な生活を送っていたと主張します。

彼らによれば、暴力や「戦争」（より広い意味では、二つ以上の集団のあいだに生じる、社会的に組織化された、集団的で致命的《ちめいてき》な攻撃と定義される）は、人類が約一万二〇〇〇年前に農耕《のうこう》を発明して定住生活を確立した後にやっと発生したといいます。

この論争の核心《かくしん》はなにかというと、戦争の定義と「文化」の問題です。それはつまり、〔農耕によって食糧が安定してから戦争が起きたということは〕人が戦うのは、たんに**希少資源**《きしょうしげん》のためだけでなく、ほかになんらかの強い理由が必要だろうということです。このような考え方からすると、戦争は複雑な**階層**《かいそう》社会における発明となるわけです。

現在では先史時代《せんしじだい》のほぼすべての社会で集団間の暴力（戦争）が存在したと多くの人が考えるようになっていますが、それでもなお、そうした暴力の頻度《ひんど》〔くりかえされる回数の多さ〕、性質、役割、意義《いぎ》については議論がつづいています。

ならばということで、考古学的証拠《しょうこ》について考えてみましょう。

希少資源　〈希《ま》れ〉にしか得られない、とても〈少ない〉資源《しげん》のこと。現代的にはレアメタルが代表的だが、歴史的には武器や農具として重宝《ちょうほう》された鉄《てつ》や、蒸気機関の動力源となった石炭や石油も、その希少性《きしょうせい》によって集団間でうばいあいとなった。

階層　ある社会において、おもに職業や生活レベルなどによって分けられる人びとの「くくり」のこと。似たことばに「階《かい》級《きゅう》」があるが、これは身分《みぶん》など歴史的で、より強固な区《く》分《わ》けで分けられたもの。

考古学者や生物考古学者が、大昔の人類社会に暴力があったかどうか判断するさいに調べるものは二種類あります。

ひとつは集団のあいだの暴力をえがいた〈岩絵《いわえ》〉です。そして、もうひとつが〈人骨〉であり、暴力による外傷（頭部外傷や骨折）を調べたり、あるいは死因として推測できる凶器《きょうき》が刺《さ》さっていないか、すぐ近くにないかを確認します。

しかし、岩絵《いわえ》の解釈がむずかしいのはよく知られた話です。また、人骨の物理的損傷が戦闘によるものなのか、事故によるものなのか、あるいは時代とともに失われた儀式によるものなのかを判断するのも困難です。

さらにいえば、**中石器時代**と**新石器時代**については、ヨーロッパとアフリカの一部でいくつか虐殺《ぎゃくさつ》があったと思われる遺跡《いせき》が確認されていますが（興味深いことに、同じ時代の東南アジアや東アジアではまだ見つかっていません）、**旧石器時代**（人類の歴史の大部分）は、集団的な抗争《こうそう》をえがいた洞窟壁画《どうくつへきが》も、暴力による外傷の痕跡《こんせき》のある人骨も発見されていないのです。

こうした狩猟採集民《しゅりょうさいしゅうみん》についての現在の論争は、**トマス・ホッブズ**（Thomas

旧石器時代／中石器時代／新石器時代　石器時代は古いほうから〈旧／中／新〉に区分される。旧石器時代が早い地域で二〇〇万年前から、新石器時代が一万年前からとされているが、いずれも地球規模の地域差が大きい。おおまかにいって、石を打ち欠《か》いてつくる「打製《だせい》石器」が使われたのが旧石器時代で、石を磨《みが》いてつくる「磨製《ませい》石器」が使われたのが新石器時代となる。両者にはさまれた移行期が中石器時代とされるが、地域によっては短く、中石器時代は存在しないとする説《せつ》もある。

トマス・ホッブズ　イングランドの哲学者。主著『リヴァイアサン』で説かれた理論は、国王に権力を集中させる、のちの「絶対主義」の基盤《きばん》となった。

Hobbes 一五八八〜一六七九）と**ジャン＝ジャック・ルソー**（Jean-Jacques Rousseau 一七一二〜一七七八）の思想上のちがいという古くからある問題に、どこか似ています。

ホッブズは、あらゆる対人関係は〈暴力的〉であり、社会生活における一側面として暴力は必然的で避《さ》けられないと考えました。ルソーは、「自然人」は本質的に〈平和的〉だが、文明によって堕落《だらく》したと考えました。

どちらの見解もそのままでは受け入れがたいものです。人間はそう極端ではありません。たしかに、激しい暴力や残酷《ざんこく》な行為《こうい》も可能ですが、協力や協調をすることもできるのです。じっさい、社会が成立するのは人間関係のほとんどに暴力がない場合だけです。

社会学者は暴力的な人間の行動を説明するために、しばしば歴史に注目しますが、とくに有名なのは、

マックス・ヴェーバー（Max Weber 一八六四〜一九二〇）〔後出一六三ページ参照〕

ノルベルト・エリアス（Norbert Elias 一八九七〜一九九〇）〔後出一二〇ページ参照〕

ミシェル・フーコー（Michel Foucault 一九二六〜一九八四）

ジャン＝ジャック・ルソー　フランスの哲学者、思想家。のちのフランス革命にも大きな影響をあたえた。作曲家でもあり、童謡《どうよう》の「むすんでひらいて」は、彼がつくったオペラの劇中曲《げきちゅうきょく》。

ミシェル・フーコー　フランスの哲学者。近代社会を、歴史をふまえて相対化し、少数派（マイノリティ）とされてきた社会的弱者に光をあてる分析をおこなった。主著に『狂気《きょうき》の歴史』、『言葉《ことば》と物《もの》』、『監獄《かんごく》の誕生』（一〇九ページ注参照）、『性の歴史』。

彼らが西洋人　ヴェーバーとエリアスはドイツ人、フーコーはフランス人。

の三名でしょう。

この本ではときおり、学者たちもみずからの見解をかたちづくるさいに大きなよりどころとしている、この三人の理論にふれていきますが、**彼らが西洋人**だということは、よく覚えておいてください。

現代世界における暴力を理解するうえで彼らの影響力があまりに大きいため、結果として、暴力の理論がきわめて西洋中心的なアプローチになってしまっているのです。

非西洋世界の暴力についての理論を再検討すべき時期ではありますが、この本ではできません。ただし可能なかぎり、ほかの時代や文化の研究をとりいれたいと思います。

ヴェーバー、エリアス、フーコーは、三人とも暴力を国家や刑罰《けいばつ》の歴史との関連で考えたことでは共通していますが、それぞれの理論的アプローチは大きく異《こと》なります。

ヴェーバーは、政治とは権力をめぐるものであり、そして権力はつまるところ強制的な暴力に根ざしていると考えました。国家とは、ヴェーバーが

「暴力の独占」とよぶものを何世紀にもわたって強引《ごういん》に保持している、強制力をもつ機関なのです。

エリアスはといえば、時代の変遷《へんせん》により複雑な司法制度や警察制度が発達するにつれて、エリート層がいだく男性的行動の理想が変化し、他人への暴力はもはや「文明的」ふるまいとは相容《あいい》れないものとして、広く軽蔑《けいべつ》されるようになったといいます。文明が発展しつづけるためには、人間の本能、とくに攻撃性を「(規範《きはん》の)**内面化**《ないめんか》(internalizing)」によって抑制《よくせい》しなければならないというわけです。エリアスはこのようにして国家の隆盛《りゅうせい》を自己制御《じこせいぎょ》の発達、つまり衝動の抑制《よくせい》と結びつけたのです。

そしてフーコーはといえば、前《ぜん》近代の国家が、その中央集権化への欲望に逆《さか》らうあらゆる抵抗を抑圧《よくあつ》し、それによって国家の正統性を強固にするために、派手《はで》な見世物《みせもの》としての公開処刑など、暴力をおこなう舞台《ぶたい》として身体を利用したといいます。処刑を派手《はで》な見世物《みせもの》にすることが法を機能させる唯一《ゆいいつ》の方法だったのです。フーコーによれば、こうした公開処刑のような暴力はやがて、刑務所、兵舎、学校、工場といった別の種類の**規律権力**《きりつけんりょく》へと移行し

内面化　「内在化《ないざいか》」ともいう。心理学の用語で、心の内部に他人や社会の規範《きはん》、価値基準などをとりいれ、まるで最初から自分自身の考えだったかのように思いこむ心理過程のこと。

規律権力　フーコーが提唱《ていしょう》した、放《ほう》っておいても人を服従させてしまうような権力についての考え。囚人《しゅうじん》に対して「いつも自分は看守《かんしゅ》に見られている」と意識づけすることで自動的に模範《もはん》囚《しゅう》になる例にたとえられる。

ていきます。

このように西洋の伝統において暴力は、合理的な思考を進めることで解決できる問題とされています。その傾向は、とくにエリアスや、最近ではハーバード大学の心理学者**スティーブン・ピンカー**（Steven Pinker）の主張に顕著《けんちょ》です。

ピンカーは、暴力は文明や合理性とは正反対のものだとしています。しかし、対照的に、歴史社会学者など歴史の専門家にとっては、暴力がほとんど合理性のない無意味な行為《こうい》だという見解は受け入れがたいものです。

ぱっと見《み》では理解できないような行為《こうい》でも必ず目的と役割があります。

これは暴力にも正当性《せいとうせい》があるということではありません。

しかし、たとえば、あおり運転や、精神トラブルをかかえた**ローンオフェンダー**（lone offender）、サッカーの**フーリガン**（hooligan）など、一見《いっけん》非合理的にしか思えないものも含《ふく》めて、あらゆる暴力行為《こうい》には理由があるということなのです。

多くの社会学者や犯罪学者にとって、暴力とは力の問題です。

スティーブン・ピンカー（一九五四〜） カナダ生まれの米国の実験心理学者、認知心理学者。おもな邦訳書《ほうやくしょ》に『言語を生みだす本能』（NHKブックス）、『心の仕組み』（ちくま学芸文庫）、『人間の本性を考える』（NHKブックス）。

ローンオフェンダー 直訳すれば「単独の攻撃者」。組織的なテロリスト集団に入っていない者が単独でテロ行為《こうい》におよぶこと。また、その人。日本でも元首相や現職首相がねらわれる事件が発生したことから警察当局が対策を強化している。ローンウルフとも。

フーリガン もとは不良の意味。最近では、サッカーの試合会場内や周辺で観客に紛《まぎ》れて暴力的なことばや行動で騒乱《そうらん》を起こす暴徒《ぼうと》をさして使われる。

まず傷つける力があります。さらには自分の意志を他者に押しつけて支配する力、そして抵抗する力（力のない者が力のある者に対して行使できる暴力）があります。

しかし、歴史家にとっては、「正当《せいとう》である」暴力と「正当《せいとう》ではない」暴力の区別は曖昧《あいまい》であり、無意味といっていいほどです。

たとえば一九三〇年代のドイツで、褐色《かっしょく》シャツ隊が「人民の正義」としてユダヤ人やユダヤ人と関係をもった女性を街頭で公然と侮辱《ぶじょく》したときがそうでした。**ナチス**の政府内には褐色《かっしょく》シャツ隊の行動を必ずしもよく思っていない人びともいましたが、人種国家の創設に役立つ排外的《はいがいてき》な暴力であったため容認《ようにん》されました。

また別の例として、**イラク戦争**におけるアブグレイブ刑務所の問題があります。そこで当時刑務所を管理していた米兵たちが捕虜《ほりょ》を虐待《ぎゃくたい》・拷問《ごうもん》しました。**冷戦**《れいせん》時代の拷問《ごうもん》手法さえ試《ため》されました。しかも、それは米国政府・軍の双方の高官が事態を把握《はあく》し、承認をあたえたものだったのです。

ここに挙《あ》げた暴力は、ふつう、いかなる規範《きはん》に照《て》らしても「正当《せいとう》である」

ナチス　「国民社会主義ドイツ労働者党」の略称。人種主義（レイシズム）と国家主義（ナショナリズム）の色濃《いろこ》い政党で、アドルフ・ヒトラーが党首となった一九三三年から一党独裁《いっとうどくさい》体制をしき、第二次世界大戦終結の一九四五年までドイツを支配した。

イラク戦争　二〇〇三年から米国を中心とする多国籍軍《たこくせきぐん》とイラク軍のあいだでおこなわれた戦争。米国が主張し、戦争のきっかけとなったイラク国内における大量破壊兵器は発見されないまま、戦闘が長期化。米軍の完全撤収《てっしゅう》によってオバマ米大統領が戦争終結を正式宣言したのは二〇一一年だった。

冷戦（Cold War）　米国とソ連が対立した時代。第二次世界大戦終結の一九四五年から一九八九年まで約半世紀つづいた。

と見なすのはむずかしいでしょう。

しかし、どちらの例でも、それぞれの個人は自分が暴力行為《こうい》を犯《おか》していることを「わかっている」かもしれませんが、同時にその暴力が完全に容認されており、暴力が必要な状況だとさえ考えているのです。

「正当《せいとう》である」と「正当《せいとう》ではない」の区別は、暴力の性質よりも、法や国家権力の性質に関係があります。

なぜなら、そこには〈正当《せいとう》なこと〉と〈正当《せいとう》ではないこと〉を決めるのはだれなのか、という問題が隠《かく》されているからです。そして、専制政治《せんせいせいじ》の打倒、植民地主義者の追放、搾取《さくしゅ》構造・制度の解体といった「正《ただ》しい目的」を達成するために役立つ手段としての暴力を含《ふく》めて、「正当性《せいとうせい》」という概念《がいねん》が拡大されると、この問題はさらに複雑になります。

こうした抵抗運動の場合には、暴力はおそらく道徳的な要請《ようせい》であり、その過程で人びとを救うものともなりうるのです。

そして、暴力を歴史として記述するということについては、一九七〇年代から一九八〇年代にかけて、二つの大きく異《こと》なるアプローチが登場しました。

ひとつは〈文化史〉から生まれたもので、一六世紀フランスにおける「暴力の儀式《ぎしき》(the rites of violence)」に関する画期的な研究を一九七三年に発表した**ナタリー・ゼーモン=デーヴィス**(Natalie Zemon-Davis)らが有名です。

デーヴィスは、それまでの歴史家たちが、たんに非合理的な野蛮《やばん》行為《こうい》や残虐《ざんぎゃく》行為《こうい》と見なしてきた行為《こうい》について、その社会的・象徴的《しょうちょうてき》な意義の観点から解釈することで、光をあてることに成功しました。そして、彼女が提示したパラダイム〔ある時代の、ある分野において支配的なモノサシとなるような考えや、ものごとのとらえ方のこと〕からは暴力についての文化的分析《ぶんせき》が多く出ました。

もうひとつのアプローチは、〈犯罪の社会史〉から生まれたもので、一九八〇年代の英国で歴史学者たちがはじめました。なかでも、**ジェームズ・シャープ**(James Sharpe)は、英語圏で「暴力史(history of violence)」ということばを使いはじめた最初の人びとの一人で、近世の刑事裁判に焦点をあて、殺人率を調べることによって暴力の減少の統計的な追跡調査を試《こころ》みました。

その後、このアプローチを推《お》し進めた人物としては、ケンブリッジの犯罪

ナタリー・ゼーモン=デーヴィス(一九二八〜二〇二三) 米国生まれのカナダの歴史家。プリンストン大学教授。欧米からカリブ海諸国まで広く研究対象にした。米国歴史学会における二人めの女性会長でもあった。邦訳書《ほうやくしょ》に『贈与《ぞうよ》の文化史──一六世紀フランスにおける』(みすず書房)がある。

ジェームズ・シャープ(一九四六〜二〇二四) 英国の社会史家。著書に『激怒《げきど》した人びと──イングランドの暴力の歴史』がある。

マニュエル・アイズナー　ケンブリッジ大学教授。同大学「犯罪学研究所」副所長。八〇〇年にわたるヨーロッパ全土での殺人事件について調査し、社会制度に根ざした文化的生活と行動モデルが青少年期や、その後の成人男性の犯罪と非行につながる可能性を研究。

学者**マニュエル・アイズナー**（Manuel Eisner）が最も知られています。

この二つのアプローチ——暴力の意味とそれに付随《ふずい》する象徴性《しょうちょうせい》を理解することを中心としたアプローチと、定量的な方法論にもとづいたアプローチ——は、現在も用《もち》いられています。

〈文化的な方法〉と〈犯罪学的な方法〉とのあいだには、必ずしも明確な区別があるわけではなく、むしろ重《かさ》なる部分がありますが、暴力史の研究を大きく二分する有力な方法的潮流《ちょうりゅう》であることはたしかであり、それぞれ異《こと》なる目的のもとに異《こと》なる視点を生みだしてきました。

たとえば、さまざまな種類の暴力——とくに殺人ですが、それだけでなく戦争による死亡、レイプ、DV《ディーヴィ》〔ドメスティック・バイオレンス（家庭内暴力）の略〕など——の数字を重視する研究者は、全体的に見て暴力は減少していると主張する傾向にあります。

しかし、あとでくわしく説明しますが、こうした種類の暴力の数値化にはむずかしい面もあります。

定義の問題（なにを殺人やレイプと見なすかは、じつはそれぞれの時代や法律によって大きく異《こと》なる場合があります）だけでなく、データの信頼性には議論の余地《よち》があり、また、そもそも統計というものじたいに解釈の問題がつきものです。

暴力のパターンや傾向、時代や地域による差異《さい》をおおまかに把握《はあく》することは重要ですが、近親者間《かん》暴力のほとんどは隠蔽《いんぺい》され、行政への報告も、昔からひじょうに少ないです。さらに、暴力を数値化しても、各時代の社会における暴力の全体的な水準を正確に把握《はあく》できるとはかぎりません。

一方、暴力の文化的解釈を重視する学者は、暴力の意味や形態を理解しようとします。暴力は、正当《せいとう》であるか否《いな》かにかかわらず、コミュニケーションや表現のための道具となる場合がよくあり、また、男らしさの概念《がいねん》と結びつくこともしばしばです。

本書の内容の大部分は、さまざまな暴力の形態を大きな文化的文脈《ぶんみゃく》のなかに位置づけるというものです。

こうした文脈《ぶんみゃく》は、暴力の直接的な原因を明らかにするわけではありませんが、暴力がおこなわれた状況、あるいは、おこなわれやすい状況を理解するのに役立ちます。

前提としているのは、暴力を理解するためには、その行為《こうい》の背後にある考え方や価値観、文化的慣習《かんしゅう》を分析しなければならないという考えです。

したがって、本書を読むにあたっては、暴力をひとつの行為《こうい》や出来事《できごと》として考えるのではなく、暴力とはそれが起きる〈個人的／社会的／文化的／宗教的／政治的文脈《ぶんみゃく》〉につねに影響されるプロセスの結果だと考えてください。

昔はどれくらい暴力的だった？

古代、中世、近世の人びとは残忍《ざんにん》で、暴力的で、死に対して鈍感《どんかん》で、すぐに怒《おこ》り、もめごとが起きるとすぐに暴力にうったえるという（誤《あやま》った）認識が現代では広まっています。

時代を遡《さかのぼ》れば遡《さかのぼ》るほど、暴力的だった、と見なされてしまっています。

このような思考は、政治学者の**ジョン・ミューラー**（John Mueller）、アザール・ガット〔一六ページ注参照〕、**ジョシュア・ゴールドシュタイン**（Joshua Goldstein）や進化心理学者のスティーブン・ピンカー〔二五ページ注参照〕による近年の著作に顕著《けんちょ》

ジョン・ミューラー（一九三七〜）米国の国際関係論の政治学者。舞踏史《ぶとうし》の学者でもある。オハイオ州立大学教授。

ジョシュア・ゴールドシュタイン（一九五二〜）米国の首都ワシントンDCにあるアメリカン大学の名誉《めいよ》教授。

です。四人とも、とくに二〇世紀における**通常戦争**と戦死者の減少、西ヨーロッパ諸国での殺人率の一三世紀におけるピークから現代の相対的に低い数値までの低下を指摘《してき》することで、数世紀にわたって暴力は少なくなっていると主張しています。

つまり、記録がある程度正確だった西ヨーロッパにおける殺人率と戦死者数にもとづいて、あらゆる社会におけるすべての暴力の水準についての結論を導《みちび》き出そうとする傾向があるのです。

こうした考え方に対しては議論があるので、またあらためてふれることにしますが、ここでまず指摘《してき》しておきたいのは、暴力の減少を主張する著者たちが、歴史学、犯罪学、社会学の交差点にいるピーテル・シュピーレンブルク〔一〇ページ注参照〕を除《のぞ》いて、ほとんどだれも歴史学者ではないということです。

そしてとくに、過去の時代の歴史的解釈と、暴力の度合《どあ》いの統計による解釈についても意見の相違《そうい》があります。

たとえば、ピンカーやアイズナーは統計を用《もち》いて、前近代《ぜん》の世界は残忍《ざんにん》で血《ち》なまぐさいものだったと結論づけます。そして、一七世紀半《なか》ば以降、社会

通常戦争（conventional warfare）
正規《せいき》の国軍《こくぐん》どうしの戦い。「通常戦」とも。非正規軍《ひせいきぐん》による地域紛争《ふんそう》や内戦、テロリストによるテロなどはこれに含《ふく》まれない。二〇世紀の前半において人類は二度の世界大戦を経験した。その反省から通常戦争は少なくなったと見ることもできるが、その一方で、このような楽観的《らっかんてき》な見方を批判し、むしろ戦争は世界各地に拡散《かくさん》し、増えているとする見方もある。

は変化していき、対人暴力がますます人びとにとって許しがたいものとなり、公開処刑のような国家による暴力の誇示《こじ》も、もはや教育的な目的をはたすとは見なされず、やがて消滅していったとします。

ある程度は**啓蒙主義**《けいもうしゅぎ》（Enlightenment）によってもたらされた「文明化」のプロセスは、人びとの暴力に対する反応、暴力についての考え方も変えました。そして、それが一八世紀、「**自然権**（natural rights）」の概念《がいねん》や人権（human rights）と尊厳《そんげん》（human dignity）についての思想が生まれたのと同時に進んでいったのは偶然ではないというわけです。

これを〈暴力減少説〉とすると、逆に、それを批判する人びとは、過去の時代が描《えが》かれるさいに、とりわけ大衆文化においては実際《じっさい》よりも暴力的な社会として描写《びょうしゃ》されていると主張します。

減少説を成り立たせるには、啓蒙《けいもう》時代以前の世界は迷信的で残酷《ざんこく》で暴力的であり、以後は理性的で平和な世界であったと、歴史を二段階に分ける必要があるからです。

もちろん、近代以前に暴力性があったことじたいを否定する人はいません。

啓蒙主義　一七世紀後半から一八世紀にかけて、フランスを中心とする西ヨーロッパで、キリスト教的な世界観や封建的《ほうけんてき》な思想を批判し、人間性の解放をめざした思想のこと。この時代を代表する思想家にヴォルテールやルソーがいる。ちなみに「啓蒙」は、訓読《くんどく》すれば「蒙《もう》を啓《ひら》く」で、ものごとの道理に明るくない人を教え導《みちび》くこと。

自然権　国家が成立する以前から存在するとされ、国家でさえそれを侵《おか》すことができないとされる、人間が生まれながらにもつ権利。基本的人権、または、たんに人権とも。

中世の法律は、重罪に対して公開処刑、火炙《ひあぶ》り、焼き印《いん》、目つぶし、水責《ぜ》め、**去勢**《きょせい》を積極的に認めていました。一五世紀から一八世紀にかけてのヨーロッパでは、拷問《ごうもん》が公認されたり、壮絶《そうぜつ》な公開処刑がおこなわれたりすることが一般的でした。

しかし、歴史的事実として、近代以前の世界の人びとが現代のわたしたちよりも「暴力的であった」とか「暴力的でなかった」と学問的な正《ただ》しさをもって結論づけることはできません。

たとえば、中世史家の**ウォーレン・ブラウン**（Warren Brown）は、「一三世紀のイングランドは、全体として見れば、二一世紀初頭の米国やEU《イーユー》〔欧州連合〕よりもそれほど暴力的ではなかった」と主張します。

時代が進むにつれ暴力は減少していったという考えをいったんストップさせることで、あらためて暴力と人類の歴史についてフラットに考えられるようになります。

たとえば、先史時代《せんしじだい》において肉体的暴力があったとされる考古学上の物的《ぶってき》

去勢　「勢」という字には男性器の意味がある。「勢《せい》を去《さ》る」で男性器を切除《せつじょ》すること。

ウォーレン・ブラウン　米国カリフォルニア工科大学の歴史学教授。専門は中世ヨーロッパ初期の社会史、社会制度史。主著『中世ヨーロッパにおける暴力』。

証拠《しょうこ》は、限《かぎ》られてはいるものの存在します。それはたとえば、中東《ちゅうとう》で約一万二〇〇〇年前に起こった農耕《のうこう》の開始以前のいくつかの遺跡《いせき》です。また、現在のクロアチアにある二万七〇〇〇年前の**シャンダリヤ**II遺跡《いせき》（Sandalja II）には、二九体の頭蓋骨《ずがいこつ》を砕《くだ》かれた遺骨《いこつ》があります。スーダン北部のジェベル・サハバでは、約一万三〇〇〇年前の墓地に六一体の遺骨《いこつ》があり、そのなかには矢で殺された痕跡《こんせき》があるものもあります。

暴力の考古学的証拠《しょうこ》は、農耕《のうこう》開始の時代以降、さらに広範囲《こうはんい》にわたっています。中央ヨーロッパでは大きな遺跡《いせき》がいくつか見つかっており、オーストリアの**アスパルン・シュレッツ**（Asparn Schletz）では二〇〇体以上の遺骨《いこつ》が発見され、そのほとんどが致命的《ちめいてき》な骨折を負《お》っていました。

こうした遺跡《いせき》や先史時代《せんしじだい》の同様の考古学的証拠《しょうこ》から、わたしたちの種《しゅ》（**ホモ・サピエンス・サピエンス**）は後期旧石器時代（五万年前〜一万年前）にたがいに争《あらそ》い、殺し合っていたこと、集団どうしで暴力が起きていたこと（集団間《かん》暴力）、集団内の個人どうしで暴力が起きていたこと（集団内《ない》暴力）が通説となっています。

シャンダリヤ　現在のクロアチア西部、アドリア海に突き出たイストラ半島（イストリア半島とも）にある洞窟《どうくつ》遺跡《いせき》。クロアチア洞窟《どうくつ》考古学の先駆者《せんくしゃ》ミルコ・マレズ（Mirko Malez 一九二四〜一九九〇）が研究対象のひとつにした。

アスパルン・シュレッツ　シュレッツは現在のオーストリア、アスパルン市郊外の地名。ここで見つかった古代遺跡《いせき》から多数の人骨が出土《しゅつど》、ヨーロッパ最古の戦場である可能性が騒《さわ》がれた。

ホモ・サピエンス・サピエンス（Homo sapiens sapiens）　人類のうち「新人《しんじん》」に分類される、クロマニョン人以降の現代人までをさす学名。属名《ぞくめい》〈Homo〉はラテン語、これに種名《しゅめい》〈sapiens〉と、種《しゅ》のさらに下の小分類である亜種名《あしゅめい》〈sapiens〉を重ねた分類学上の名。

戦争と暴力は、農耕《のうこう》集落ができる前、そして都市ができるよりもはるかに早い時期に人類にもたらされました。なんのための暴力なのかとなると、たしかなことはいえませんが、いずれにしろ人類は殺し合い、虐殺《ぎゃくさつ》し合ってきたのです。しかし、大昔の時代における暴力の程度について、現存する考古学的証拠《しょうこ》から包括的《ほうかつてき》な結論を出すことは不可能です。

たとえば、**先史時代《せんしじだい》の日本についての近年の研究**では、戦争などの暴力はあまりなかったと論じられています。

暴力が大昔からそれぞれの時代に応じて社会生活の重要な側面として存在したのはたしかだと考えられますが、メディアや映画で表現されるほどの暴力的な生活ではなかったと思われます。

その根拠はあります。

暴力の形態や発生率は、各時代や地域によって千差万別《せんさばんべつ》です。しかし、それだけでなく、本書でこのあと紹介するように、あらゆる過去の社会はそれぞれ異《こと》なるかたちで暴力的なのです。

先史時代の日本についての近年の研究　山口大学の中尾央《なかおひさし》助教（当時。現在は南山《なんざん》大学教授）と岡山大学の松本直子《なおこ》教授らの研究グループによる、縄文《じょうもん》時代の人骨研究のこと。同グループは、出土した人骨から、暴力により死にいたった致命傷《ちめいしょう》のある人骨の割合を算出。具体的には、日本各地（二四二か所）の人骨（成人のもの）二二七五点のうち致命傷《ちめいしょう》が認められたのは二三点のみ、率《りつ》にして一・八％だった。このことから少なくとも日本の縄文《じょうもん》時代は暴力による死の割合が低かったと結論づけ、研究成果を二〇一六年、英国の生物学専門の科学誌《Biology Letters》に発表した。

つまり、社会において、なにが許容《きょよう》され、なにが許容《きょよう》されないかによって、暴力が用《もち》いられる状況や用《もち》いられ方が異《こと》なっていたのです。

そうなると重要なのは「ある時代がどの程度暴力的であったか」ではなく、「ある時代がどのように暴力的であったか」〔いずれも傍点訳者〕なのです。

Chapter

2

親密関係間暴力とジェンダー暴力

この章のはじめに

家族は、過去から現在にいたるまで、社会制度のなかでも、おそらく最も暴力的なもののひとつです。

かつて、多くの社会で、妻《つま》が夫《おっと》に逆《さか》らったり、夫《おっと》を不快にさせたりした場合、夫《おっと》には妻《つま》を懲罰《ちょうばつ》する権利がありました。そして、同じことは親が子どもをこらしめる場合にも当てはまりました。

一九世紀になってはじめて、いわゆる**親密関係間暴力**とジェンダー暴力が疑問視されるようになり、法の介入《かいにゅう》〔あいだに入ること〕が必要とされ、女性と子どもを守るための法律が導入されました。

親密関係間暴力　〈intimate violence〉を前章では「近親間暴力」と訳したが、日本語では〈intimate〉であらわす範囲《はんい》をひとことで表現するのはむずかしいようだ。すこし長いが「近親間／パートナー間暴力」という表現も考えうるが、恋愛関係の場合も包含《ほうがん》することをふまえると、「パートナー」という表現はややいいすぎなので、本章では「親密関係間暴力」という表現で統一した。

親密関係間暴力とジェンダー暴力は、ほとんどの場合、男性が女性（または同性愛関係にある男性）や子どもに対しておこなうものであり、具体的には家庭内暴力、性的暴行、子どもへの性的虐待《ぎゃくたい》（施設内と家族内ともに）などがあります。こうした暴力は、現在でもアフリカ、**ラテンアメリカ**、中東《ちゅうとう》、アジアの一部など、世界の多くの地域で容認《ようにん》されており、蔓延《まんえん》しているとさえいっていいでしょう。そして、このことは男性の態度にも密接に結びついています。

この傾向の例外は乳児殺害であり、おもに女性が加害者です。とはいえ、パートナーの男性が加担《かたん》するケースもあります。ほかの種類の親密関係間暴力でも女性が加害者になることもあり、たとえば、パートナーや自分の子どもを虐待《ぎゃくたい》する場合もありますが、つねに統計的には少数です。

家庭内暴力（DV）

歴史上のほとんどの文化において、夫《おっと》に逆《さか》らった妻《つま》は「矯正《きょうせい》」されるべき

ラテンアメリカ（Latin-America）

南北アメリカ両大陸のうち、いわゆる「ラテン系」の文化を継承《けいしょう》している地域。かつてスペインやポルトガルが植民地にしていたことで、両国と民族的・文化的・言語的なつながりが深い。すなわち、メキシコ以南の中南米がこれにあたる。一方それ以外の米国およびカナダは、英国と歴史的・民族的・文化的・言語的なつながりが深い地域であったため、「アングロアメリカ（Anglo-America）」とよばれる。

だと考えられていました。多くの研究がしめすとおり、近代以前のヨーロッパでは、こういった暴力は結婚生活の一部として根づいていたため、家庭内暴力（domestic violence）の記録は文書としてほとんど保存されていません。懲《ちょう》罰《ばつ》によって後遺症《こういしょう》が残った、または流産《りゅうざん》や死亡にいたったケースの裁判記録からわかる場合があるだけです。

古代や中世のヨーロッパでは、男性の世帯主《せたいぬし》は家庭内の規律を守るために物理的な力《ちから》を行使《こうし》する権利があり、むしろ、その行使《こうし》を期待されていました。近代以前に重要だったのは、暴行をしたかどうかではなく、「許容《きょよう》できる」レベルの暴力と過剰《かじょう》な攻撃とをどのように見分けるかでした。

妻《つま》を殴《なぐ》るという行為《こうい》が、街頭での殴《なぐ》り合いなど、ほかの身体的暴力とともに、おもに労働者階級のふるまいとして、容認《ようにん》できない根絶《こんぜつ》すべきものと見なされるようになったのは、一九世紀に入ってからのことです。

歴史家**シャニ・ドゥクルーズ**（Shani D'Cruze）が**ヴィクトリア朝**《ちょう》について調査したデータのひとつでは、妻《つま》への暴力で起訴《きそ》された者の約半数が非熟練《ひじゅくれん》

シャニ・ドゥクルーズ（一九五四〜二〇二二）　英国の社会学者。専門は女性およびジェンダー史、犯罪史。英国マンチェスター・メトロポリタン大学のジェンダー史講師。キール大学から歴史学名誉《めいよ》講師の称号《しょうごう》を授与《じゅよ》された。オペラ歌手としても活動した。

ヴィクトリア朝　即位《そくい》時（一八三七年）にわずか一八歳だったヴィクトリア女王が八一歳で亡《な》くなる一九〇一年までの期間のこと。植民地や自治領を世界各地にもち、「世界の工場《こうじょう》」とよばれた英国が繁栄《はんえい》を謳歌《おうか》した時代でもあった。

労働者で、三分の一以上が熟練《じゅくれん》労働者、残りが**下位中流階級**《かいちゅうりゅうかいきゅう》に分類されています。ただし、子どもを「こらしめる」ことは依然《いぜん》として容認《ようにん》されていました。しかし、男性が過度の暴力をふるった場合（相手が死亡または重傷の場合）、社会的**ステータス**に傷《きず》がつく可能性が出てきたわけです。

もちろん、昔も今も、家庭内暴力や性的暴行など親密な人間関係のなかで起こる暴力の統計には信頼性に欠ける面があります。

ひじょうに報告が少なく、ほとんど隠《かく》されているためです。妻《つま》が夫《おっと》を訴《うった》えようとしないのは、一般的に女性が性的暴行を報告したがらないのと同じです。警察や司法制度による扱《あつか》われ方、有罪判決の確率の低さ、さらなる暴力への恐《おそ》れなど、さまざまな問題があるからです。

家庭内暴力の発生率は、世界各地でひじょうに大きく異《こと》なります。そのなかでも低水準にあるオーストラリアでは、二一世紀はじめの調査で、平均して九日ごとに一人の女性が殺されています。それに対し、男性は二九

下位中流階級（lower-middle-class）「中流階級」は社会学などで定義される階級で、「上流階級」や「下流階級」に対して、両者のあいだの「なかほど」にある階級（クラス）。「下位中流階級」は文字どおり、中流階級のうちの下のほうに位置する人たちで、世界の途上国《とじょうこく》では構成人数の最も多い層。

ステータス（status）英語が日本語化した、いわゆるカタカナ語のひとつで、社会における地位や身分の高低をいう。

日に一人の割合です（大半は男性どうしの暴力が原因）。

二〇一六年から二〇一七年にかけては、一日あたり一七人がパートナーなど家族からの暴力により入院しています。

富裕国《ふゆうこく》ではおおむね同じ程度の割合ですが、世界を見わたすと、もっと頻《ひん》度《ど》の高い地域もあります。

発展途上国《はってんとじょうこく》では、既婚《きこん》女性の三人に一人が夫《おっと》から暴力を受けた経験をもっています。パートナーによる暴力（殴打《おうだ》、監禁《かんきん》、脅迫《きょうはく》、経済的虐待《ぎゃくたい》、暴言など）は、東南アジア地域で三八％と最も高く、ついで、

地中海東岸……………三七％

アフリカ………………三六％

南・北・中央アメリカ……三〇％

ヨーロッパ……………二五％

西太平洋地域…………二四％

そして、富裕国《ふゆうこく》（オーストラリア、ニュージーランド、米国、カナダ、EU加盟《かめい》国《こく》、イスラエル、韓国、日本）が二三％となっています。

中国は現代でも**家父長制《かふちょうせい》**の価値観が根強く、依然《いぜん》として女性は従順《じゅうじゅん》であることが求められる社会であり、家庭内暴力はほぼ容認《ようにん》されています。女性たちは「家族の調和」を乱《みだ》すことを恐《おそ》れて、殴《なぐ》られても通報しません。通報したら周囲から軽蔑《けいべつ》されるかもしれないからです。

このように女性を危険にさらす家父長制《かふちょうせい》的な考え方は、さまざまな宗教に存在します。キリスト教社会では、家庭内暴力を正当化《せいとうか》するために聖書《せいしょ》が使われることがあります。

この状況はアフリカ、アジア、中東《ちゅうとう》のイスラム教社会でも同様であり、女性を抑圧《よくあつ》する慣習《かんしゅう》の理由づけとしてコーランが用《もち》いられます。そして、イスラム教国では、宗教（**シャリーア法《ほう》**）と国家法が密接にからみ合うことが状況をさらに複雑にしています。

社会学者**リサ・ハジャール**（Lisa Hajjar）が指摘《してき》しているように、イスラム社会における家庭内暴力と無罪放免《ほうめん》を理解するうえで最も重要な問題は、宗教と国家の関係であり、そして、それが各国でさまざまに異《こと》なるということです。

家父長制（patriarchy）　おもに男性が支配的かつ特権的な地位にあるような社会制度のこと。とくに男性が家長《かちょう》として家族全員を支配する家族の形態。

シャーリア法　イスラム教の経典《きょうてん》である「コーラン」と、預言者《よげんしゃ》ムハンマドの言行録《げんこうろく》である「スンナ」をもとにした法律で、イスラム教徒が多い地域、いわゆるイスラム世界を律《りっ》する。「イスラム法《ほう》」あるいは「イスラム聖法《せいほう》」、また、たんに「シャーリア」などともよばれる。

リサ・ハジャール　米国の社会学者。カリフォルニア大学サンタバーバラ校の教授ならびに学部長。独立系の電子（オンライン）雑誌〈Jadaliyya《ジャダリヤ》〉（「弁証法《べんしょうほう》」の意。アラブ研究協会が設立）の共同編集者ならびに寄稿者《きこうしゃ》。専門は法社会学、中東研究、国際人道法など。

家庭内暴力を説明するさいに考慮《こうりょ》しなければならない社会経済的要因は数多くあります。経済的不平等、家父長制的《かふちょうせい》価値観やその他の社会的不平等の支配性、さらに家庭内の問題解決における暴力が社会的に許容《きょよう》されていること、暴力的な家庭環境から女性が抜け出せないことなどです。

これらはすべて家庭内暴力の前提条件ですが、暴力がひんぱんに起こるのは法的または社会的に処罰《しょばつ》されない場合だけです。なにかと理由をつけて法律による加害者の追及《ついきゅう》や起訴《きそ》が甘《あま》くなるのは、たいてい、家庭内における男性の暴力が社会的に容認《ようにん》されているからです。

これは、多くの社会で、家庭内暴力を暴力と認めたがらないこと、いいかえれば、家庭内暴力は正当《せいとう》なものと考えられていることを示唆《しさ》しています。

また、暴力行為《こうい》そのものがもたらす効果も考える必要があります。状況はケースによって異《こと》なり一般化は困難ですが、加害者による暴力は、被害者に対して権力を誇示《こじ》するものです。

被害者は傷《きず》つけられ、おびえさせられ、辱《はずかし》められ、虐待《ぎゃくたい》されています。

加害者は、痛《いた》みをあたえ、コントロールする行為《こうい》をとおして、被害者が「自分のもの」であり、支配していることを伝えているのです。

いつ暴力をふるうかわからないこともまた、虐待《ぎゃくたい》されているパートナー側に**心理的依存《いぞん》**を生じさせます。

性的暴力

性的暴行は、世界的にひじょうに大きな問題です。家庭内暴力と同様、レイプの件数などの統計は正確さに欠《か》ける面もあります。どれだけの人が被害者なのか、どれだけの人が加害者なのかもわかりません。

たしかなことは被害の推定件数にくらべて報告数がとても少ないということです。とくに、マイノリティの女性、貧困層や疎外《そがい》された人びと、セックスワーカー、男性が被害者の場合、通報されないケースが多くなります。

オーストラリアでは、性的暴行事件の約八五%が通報されていません。

その理由は、被害を信じてもらえないことへの恐《おそ》れ、レイプされたという**スティグマ**の付与《ふよ》〔あたえて、植えつけること〕、加害者からの復讐《ふくしゅう》の恐怖、警察の捜査や裁判

心理的依存 それがないと精神的にたえられないこと。気持ちだけでなく、汗《あせ》をかいたり心臓がドキドキしたりするなどの現象が身体にあらわれる場合は「身体的依存《いぞん》」という。

スティグマ（stigma） ギリシャ語の「聖痕《せいこん》」や「烙印《らくいん》」に由来《ゆらい》することばで、聖痕《せいこん》はキリストが受けた傷《きず》が後世の聖者《せいじゃ》の体にあらわれたもの。もとは奇跡《きせき》の象《しょう》徴《ちょう》とされたものだが、現代では転じて、病気や心身の障《しょう》がい、さらには人種や宗教、性別や性的指向《しこう》など、社会的な偏《へん》見《けん》や差別の対象となってしまうような個人的な特徴《とくちょう》のこと。

にともなう恥辱《ちじょく》や、さらなるトラウマなど、さまざまです。

そして、英国では、通報された事件のうち、有罪判決を受けるレイプ犯は五％未満です。米国も同じくらいで、オーストラリアは一〇％程度です。また、昔はレイプでの起訴《きそ》を避《さ》ける方法がありました。

たとえば、英国では二〇世紀前半においても、**強姦罪《ごうかんざい》での起訴《きそ》を免《まぬが》れる**ために、男性がそれより罪の軽い通常の暴行罪について、みずから有罪を認めることがあったのです。こうした結果、歴史上の資料に残るレイプ事件はひじょうに少ないものとなりました。ほとんどの場合、男性は強姦罪《ごうかんざい》から逃《のが》れられるのです。

インドなど一部の国では、家庭内のプライベートな空間でおこなわれる性的暴行はある程度黙認《もくにん》されている状態です。

女性への暴力を許さないという社会的意識を高めている国・地域も増えていますが、その意識の変化は性的暴行の統計にはあらわれていません。

逆に、驚くべき統計さえあります。世界保健機関（ＷＨＯ）の調査（八〇か

強姦罪での起訴を免れる　強姦《ごうかん》罪での起訴《きそ》は、加害者の男性の社会的不名誉《ふめいよ》である一方、検察《けんさつ》にとっても困難な証拠《しょうこ》集《あつ》めが必要になるので、捜査《そうさ》段階で暴行罪で罪《つみ》を認めさせて起訴《きそ》にもっていくやり方が、加害者および刑事司法《けいじしほう》（検察《けんさつ》）の双方にとって都合がよかった。

国のデータにもとづく）では、世界で女性の三五％が生涯《しょうがい》のうちに身体的暴力または性的暴力を経験しています。この数字は、富裕国《ふゆうこく》の二三％から東南アジア地域の三八％まで幅《はば》があります。

インドでは二〇分あたり一人の割合で女性がレイプされています。レイプや集団レイプの規模が「知られざる内戦（unacknowledged civil war）」とさえよばれる南アフリカでは、三六秒に一件です。

そして、この二〇〇〇年間、多くの国で殺人などの暴力の発生件数は横ばいである一方、女性に対する性的暴行は劇的《げきてき》に増加しているというデータがあります。

歴史家の**クライヴ・エムズリー**（Clive Emsley）によれば、イングランドでは一九四〇～一九四四年の五年間に報告された性的暴行事件が三〇〇〇件だったのに対し、一九六五～一九六九年には一万一〇〇〇件以上に増加しています。同様に米国では一九六四年に年間二万一〇〇〇件だった報告件数が、一九九二年には一〇万件を大きく超えるまでに増加しました（それ以降は着

クライヴ・エムズリー（一九四四～二〇二〇）英国の歴史家、犯罪学者。英国警察史、刑事司法史の第一人者として国際犯罪史刑事司法協会の会長をつとめたこともある。エッジヒル大学名誉《めいよ》哲学博士および名誉《めいよ》教授。

実に減少しましたが、二〇一六～二〇一八年にふたたび年間一三万件以上に増加)。

　これは、性的虐待《ぎゃくたい》や性的暴行の定義が広くなったからだけでなく、性的暴力が社会的な問題であるという認識が高まり、警察も真剣に受け止めるようになった結果かもしれません。

　とはいえ、報告数が増加した理由が、(男女を問わず)被害者側が被害届を出しやすくなったからなのか、それとも、たんに事件が増えたからなのか、その影響の度合《どあ》いを判断するのは困難です。おそらく両方でしょう。

　少なくとも、ゆたかな国々では公《おおやけ》の場で性的暴行や性的搾取《さくしゅ》について議論することへのタブーがうすれつつあります。

　しかし、性的暴力や**セクシャルハラスメント**に対する意識が高まっているにもかかわらず(#MeToo〔ハッシュタグミートゥー〕運動は世界的な現象になりました)、レイプにまつわる神話や固定観念は根強く残っています。歴史家の**ジョアンナ・バーク**(Joanna Bourke)は、そうした神話のうち三つをとりあげています。

　ひとつめは、性的暴行について「女性は嘘《うそ》をつく」と思われていることで

セクシャルハラスメント　性的ないやがらせ。略して「セクハラ」。
ジョアンナ・バーク(一九六三～)英国の歴史研究家。ロンドン大学バークベック校教授。自称「社会主義フェミニスト」。主著『親密関係間殺人の歴史』。

す。この神話〔つくりばなし〕は、社会に深く根づいており、とくに警察や刑事司法制度で顕著《けんちょ》です。二〇〇八年に米国南東部の警察官八九一人を対象にしておこなわれた調査では、レイプ被害を訴《うった》える女性の半数は嘘《うそ》つきだと考える警察官が五〇％以上にのぼり、そしてほとんどの被害者がそうだとさえ思っている警察官も一〇％いることがわかりました。

二つめの神話は、女性は同意による性交でしか妊娠《にんしん》しないというものです。いいかえれば、レイプされた女性が妊娠《にんしん》したら、それはレイプではないということです。これは前時代的な考え方ですが、現在でも支持者がいます。米国の**トッド・エイキン**（Todd Akin）下院《かいん》議員は二〇一二年のインタビューで、「正当《せいとう》なレイプなら妊娠《にんしん》はまれである」と述《の》べています。

三つめの神話は、被害者に「落ち度がある」という考え方です。レイプ犯はたいてい、被害者が露出度《ろしゅつど》の高い服を着ており誘惑《ゆうわく》していた、だから被害者にも責任がある、と主張します。この神話は男性だけでなく、女性からも信じられています。最近の英国での世論調査では、レイプされた女性に誘惑《ゆうわく》的《てき》な面があった場合はその女性にも責任があると、女性の三分の一が答えて

トッド・エイキン（一九四七～二〇二一）米国の政治家。共和党員で、二〇〇一年から二〇一三年まで中西部ミズーリ州選出の連邦下院《かいん》(lower house)議員。「正当《せいとう》なレイプ」の被害者となった女性はめったに妊娠《にんしん》しないと発言し、非難をあびて発言を撤回《てっかい》して謝罪した。ところが、後年(二〇一四年)に出版した本のなかで、かつて発言について謝罪したことを後悔していると書き、ふたたび議論を巻き起こした。

います。ですが、現実には男性が女性に無理やり性行為《せいこうい》をし、あとになって女性は同意していたと主張することばかりなのです。「レイプ」や「性的虐待《ぎゃくたい》」の告発をしても、いまだに社会全体、さらには司法機関においてさえ、かなり懐疑的《かいぎてき》な目を向けられることになります。性的暴行を受けたことを証明する責任は被害者側に課されるからです。

司法の話になったので、ここでレイプの法律上の定義について考えてみましょう。

レイプの定義は、時代や国、さらには法律の管轄《かんかつ》〔どういう法律を適用するか〕しだいではひとつの国のなかでも、大きく異《こと》なることがあります。つまり、レイプということばの意味は社会文化的背景によってまったく異《こと》なるのです。

また、その線引きには議論があり、男性から男性への性的暴力も含《ふく》まれることがありますが、ここではふれません。それはそうしたケースについての研究が少ないせいですが、もうひとつは、これまでほとんどの時代でレイプとは、ある女性が法律上の夫《おっと》ではない男性によって、その女性の同意なしに

持参財　花嫁《はなよめ》を送りだす側の父または親族が、花嫁《はなよめ》にもたせたり、嫁《とつ》ぎ先の親族に対して贈《おく》ったりする財産のこと。婿入《むこい》りする場合に婿《むこ》にもたせる財産をいうこともある。お金をもたせたり贈《おく》ったりする場合は「持参金《じさんきん》」とよばれる。

強制的に陰茎《いんけい》が膣《ちつ》に挿入《そうにゅう》されることと定義されていたためです。

したがって、夫婦間レイプ、児童レイプ、男性へのレイプは認められていませんでした。たとえば、夫婦間レイプが犯罪となったのは二〇世紀後半になってからです。英国では、スコットランドで一九八九年、それ以外では一九九二年のことでした。そして現在でも五〇か国ほど（バングラデシュ、中国、インド、サウジアラビア、イエメンなど）で夫婦間レイプは犯罪になっていません。とくに**持参財**《じさんざい》の慣習《かんしゅう》がある国では、妻《つま》は贈《おく》られた金品《きんぴん》と同列であり、夫《おっと》とその家の所有物とされるからです。

また、多くの国で夫婦間レイプについての法律が存在するにもかかわらず、地域によって一〇%から二六%の女性が夫婦間レイプを経験しています。

近代社会における女性の地位の向上によって、二〇世紀後半になり欧米諸国において夫婦間レイプについての法律が改正されましたが、それも論争を経《へ》て、やっとのことでした。

夫《おっと》による妻《つま》への性的暴行を犯罪と見なすべきだという主張には、反対意見がありましたし、今も一部の国や地域では反対する人がいます。
その根底にあるのは、家庭、とりわけ夫婦の寝室《しんしつ》に国家が介入《かいにゅう》すべきではないという考え方です。しかし、夫婦間レイプの法改正に反対した同じ集団（社会的・政治的保守派、一部の宗教団体、そして保守的女性グループも）が、しばしば同性愛の合法化に反対していることを考えると、この非介入《ひかいにゅう》の立場も皮《ひ》肉《にく》にひびきます。

家庭内暴力と同様、レイプは社会的・経済的不平等の状況下で蔓延《まんえん》します。ジョアンナ・バークは、レイプ犯の歴史についての著作のなかで、レイプが社会的・政治的パフォーマンスの一形態として高度に儀式化《ぎしきか》されていることと、そして性的暴力は個々の文化的／社会的／政治的文脈《ぶんみゃく》に深く根ざしていることを指摘《してき》しています。

児童性的虐待

児童性的虐待《ぎゃくたい》〔児童への性的虐待〕とは、性的行動に子どもを参加させること、すなわち売春やポルノによって子どもを搾取《さくしゅ》することです。

ほかの親密関係間暴力やジェンダー暴力と同様に、子どもに対する性的暴力についても古い時代の状況は記録の不備により正確なことはわかりません。また、子どもが被害を伝えても、親や大人たちが報告しない、あるいは信じようともしないということもあります。そのため、成人のレイプと同じく、未成年者に対する性的暴行も報告数が著《いちじる》しく少ないのです。

子どもに対する暴力は、それがどのようなものであれ、逮捕《たいほ》や有罪判決にいたることはまれです。

欧米諸国では一九八〇年代以降、このテーマについてかなりの研究がなされ、近年は報道により、さまざまな施設内における過去の児童性的虐待《ぎゃくたい》が明らかになっていますが、世界の多くの地域ではこの問題の歴史的研究はほとんどおこなわれていません。

欧米では、一九八〇年代までに大部分の国で、児童性的虐待《ぎゃくたい》が深刻な社会問題として広く認識されるようになっていました。それには、児童ポルノ、小児性愛者組織、強姦《ごうかん》殺人など、さまざまな形態の虐待《ぎゃくたい》にメディアが注目したこともいくらか寄与《きよ》しました。家族内の性的虐待《ぎゃくたい》の発生率についての認識も高まりました。そして定義が広くなったこともあり、米国では一九八〇年代にさまざまな種類の児童性的虐待《ぎゃくたい》の報告が急増し、国民の二二%が児童性的虐待《ぎゃくたい》の被害の経験があるとされました。英国では一〇%でした。

こうした認識向上にともなって、監視《かんし》やソーシャルワークの取り組みが活発になり、子ども、家族、ケースワーカーを支援する制度的枠組《わくぐ》みが充実したのです。

なお、児童性的虐待《ぎゃくたい》の発生率が高い国のひとつは南アフリカです。**ティアーズ財団**（the Tears Foundation）と**医学研究評議会**（the Medical Research Council）は、同国の子どもの五〇%が一八歳までに性的虐待《ぎゃくたい》を受けるという推定を公表しています。

「未成年者」との性行為《せいこうい》は、法律上の定義として〔強調は原著者〕「暴力」となります。

ティアーズ財団　米国を中心に、流産や死産、乳児を失った女性をサポートする活動を展開している。

医学研究評議会　略称MRC。英国内の大学や病院、研究機関などにおいて、医学全般《ぜんぱん》にわたる研究をサポートしている。

子どもの性的虐待《ぎゃくたい》の問題を複雑にしているのは、**性的同意年齢**と、「未成年者」、すなわち一定の成熟《せいじゅく》段階に達していない人についての法的定義という、相互《そうご》に関連する二つの基準です。そのため、性的成熟《せいじゅく》の開始についての社会通念《つうねん》、子ども時代に期待される事柄《ことがら》、幼児や青少年の無邪気《むじゃき》さや責任についての見方の変化、フェミニストなどアクティビストの運動の強さなどによって、さまざまなバリエーションが生じます。

歴史的に性的同意年齢は、世界の地域によって大きく異《こと》なってきましたし、現在もまだそうです。たとえば**イングランドとウェールズ**では、一八七五年に同意年齢を一二歳から一三歳に引き上げ、そのわずか一〇年後にさらに一六歳に改定しました。当時、これは女子だけの話で、男子には「性的同意年齢」はありませんでした。

なお、現在では男子についても多くの国で一六歳から一八歳のあいだで定められています。その後、米国では一九世紀末までに、女子の「はい《イエス》（yes）」が法的に意味をもつと見なされる年齢〔前出の「性的同意年齢」のこと〕が、ミシシッピ州とアラバマ州〔ともに米国南部の州〕では一〇歳、カンザス州とワイオミング州〔ともに米国中西部の州〕では

性的同意年齢（age of consent）だれかから性的な行為《こうい》をせまられたときに、それを受け入れる（または受け入れない）意思《いし》、あるいは自《みずか》ら性的な行為《こうい》を望《のぞ》んでおこなう意思《いし》をもちうる能力があると、法律のうえで見なされる、いちばん下の年齢。

イングランドとウェールズ　ほかにスコットランド、北アイルランドとともに連合王国《れんごうおうこく》（United Kingdom 略称UK、いわゆる「英国／イギリス」）を構成《こうせい》する国（country）。

一八歳と差が広がりました。今でも世界の多くの地域で、婚姻《こんいん》していることが同意年齢に優先しています。その場合、子どもの年齢に関係なく、夫《おっと》にとって、妻《つま》である子どもとのセックスは合法となります。

結婚の最低年齢が一八歳に定められている国でさえ、法的な抜《ぬ》け穴《あな》が見つかることがあります。

国際的な**NPO**団体「少女は花嫁ではない《ガールズ・ノット・ブライズ》：児童婚撲滅《ぼくめつ》のためのグローバル・パートナーシップ（Girls Not Brides: The Global Partnership to End Child Marriage）」によると、モロッコでは、未成年者との結婚には裁判官の承認《しょうにん》が必要ですが、届け出のうち九〇%が承認《しょうにん》されています。

同様にタンザニアでは、両親の同意があれば一五歳で結婚できます。東アジアのいくつかの国では、およそ一〇%の子どもが一五歳までに結婚しています。また、バングラデシュでは、一五歳未満で結婚する少女が全体の二五%以上になります。そしてラオスでは、子どもの三七%が一八歳未満で結婚し、ソロモン諸島では二八%です。

NPO（エヌ・ピー・オー）　NとPは〈Nonprofit〉または〈Not-for-Profit〉の、Oは〈Organization〉の略で、「非営利《ひえいり》組織」の略称。似た語に「非政府《ひせいふ》組織」（Non-governmental Organization）の略のNGO（エヌ・ジー・オー）がある。ちなみに、「非営利《ひえいり》」とは〝利益をあげてはいけない〟という意味ではなく、余剰《よじょう》の利益があがったとしても、組織のメンバーに分配するのではなく、その組織の活動目標のための費用にあてるのであればよいとされる。

アフリカにはもっと児童婚の割合が高い地域もあります。ナイジェリア北部の農村部では、少女の九〇%が一二歳未満で結婚すると推定されています。こうした児童婚の結果、世界には一五歳未満で結婚して、子どもの状態で花嫁になった人が少なくとも七億人いるとされます。

児童性的虐待《ぎゃくたい》は、おおまかに次の三つのタイプに分類されます。

①見知らぬ人による虐待《ぎゃくたい》
②子どもの保護に道徳的責任をもつ施設内でおこなわれる、家族とも顔見知りの責任者による虐待《ぎゃくたい》
③家庭内でおこなわれる虐待《ぎゃくたい》(一般に近親相姦《きんしんそうかん》とよばれる家庭内の性暴力)

学校、児童養護施設、宗教団体など、施設内での児童性的虐待《ぎゃくたい》に関する研究もさかんになっています。

カナダ(一九九六年)、アイルランド(二〇〇〇年)、米国(二〇一一年)、

オーストラリア（二〇一七年）の各政府が調査したところでは、近代の多くの時代で施設内における児童性的虐待《ぎゃくたい》はかなり横行していました。

家庭内の性暴力には、発見や監視、起訴《きそ》にあたってひじょうにむずかしい問題がありました。昔も今も家庭の秘密のヴェールに覆《おお》われて、たいていはずっと隠《かく》されたままでした。

そして、施設内での暴力についても、カトリック教会などは、加害者と思われる人びとを別の教区に移すなど組織的にかくまい、その一方で、長年にわたって被害者の支援には動き出さなかったのです。

性的人身取引、セックスツーリズム、児童ポルノも世界じゅうに蔓延《まんえん》しています。

ユニセフ（国連児童基金）の推計によると、年間一〇〇万人以上の子どもたちが、東南アジアや南アジア、中央アメリカや南アフリカ、そして東ヨーロッパの国々から西側諸国へ人身売買され、多くは性産業で働かされていいます（より慎重な試算でも、国境を越えて人身売買される子どもは毎年六〇万～八〇万人程度）。アジアだけでも約二〇〇〇万人の子どもたちが性産業で働いていると推定されています。

インターネットは、二一世紀以前には存在しなかった方法で、児童の性的搾取《さくしゅ》の場となっています。性的虐待《ぎゃくたい》や拷問《ごうもん》を受けている子どもたちの写真や動画のオンライン取引や共有は、過去二〇年間で劇的《げきてき》に増加しました。

とりわけ画像の総数が一〇〇万枚に達したとされる二〇一四年以降、事件は急増しています。二〇一八年時点で、**テック企業**はインターネット上で性的虐待《ぎゃくたい》を受けている子どもたちの画像や動画を四五〇〇万件以上確認しました。そのなかには三歳や四歳の児童や、さらにはもっと下の幼児のものさえあります。

この事態は小児性愛者が増えていることを示唆《しさ》しているのでしょうか、それとも、たんに、そうした傾向のある者たちが、より簡単にポルノにアクセスできるようになったということでしょうか。虐待《ぎゃくたい》や暴行を受ける子どもが昔より増えているということでしょうか。

セックスワーカーの三七％が一五歳未満と推定されているシエラレオネな

テック企業　IT《アイティ》（情報技術）などのテクノロジーを活用・駆使《くし》したビジネスを展開する企業。

どの紛争地域をはじめ、世界で児童**買春**《かいしゅん》のネットワークが拡大しているというたしかな証拠があります。

セックスツーリズムを撲滅《ぼくめつ》するために法律を制定している地域もありますが、現地の取締《とりしまり》機関が機能していないこともよくあります。

乳児殺害

乳児殺害とは、母親により（あるいは少なくとも通常は母親の了解により）出産時または出産直後に赤ちゃんを殺すことです。

これも昔から絶《た》えずおこなわれてきたことですが、ほかの親密関係間暴力やジェンダー暴力と同様、正確な数字を出すことは不可能です。昔の医学の知識水準を考えると、死んだ新生児について、生まれてから殺されたのか、それとも死産だったのかの確定的な診断はまず無理でした。死因の究明が困難であるため、当局は妊娠《にんしん》の隠匿《いんとく》を犯罪とするようになりました。

つまり、妊娠《にんしん》をオープンにせず、育児の準備もしなかった女性は、子どもを殺すつもりだったにちがいないというわけです。

買春　売る側と買う側と両方があっておこなわれる売買春《ばいばいしゅん》のうち、買う側を強調した言い方。「売」と「買」の音読《おんよ》みがともに「バイ」であることで区別しにくいことから、買うほうのそれをあえて「かいシュン」というふうに、「訓読《くんよ》み＋音読《おんよ》み」（これを「湯桶読《ゆとうよ》み」という）で読むことが慣用的《かんようてき》になされる。

レンヌ　フランス北西部、大西洋に突き出た半島部にあるブルターニュ地方の中心都市。中世にはブルターニュ公国の首都として栄《さか》えた。世界遺産のモンサンミッシェルへのバスが出る観光拠点でもある。一七二〇年の年末に町の四割が灰燼《かいじん》と帰《き》す大火事があった。

婚外子　結婚していない男女のあいだに生まれた子。法律用語では非嫡出子《ひちゃくしゅつし》ともいう。

フランスの**レンヌ**では、町が火事に見舞《みま》われた直後の一七二一年に排水溝《はいすいこう》から八〇体の幼児の遺骨《いこつ》が発見されました。

こうしたレンヌなどの都市の排水溝《はいすいこう》に子どもの遺体《いたい》を捨てた女性たちは、妊娠《にんしん》を黙《だま》っていることはできても、新生児を隠《かく》す場所のない家に住む召使《めしつか》いや娘だったと考えられます。法廷での証言からは、隣人《りんじん》や助産師、あるいは家族が、シングルマザーの出産を隠《かく》し、新生児が死ぬように手助けする場合もあったと明らかになっています。

このような隠蔽的《いんぺいてき》な状況にあっては、裁判所が記録した乳児殺害や出生隠《かく》しの有罪判決だけではこの現象がどれだけ広まっていたかを正確に測定することはできません。

つまり、近代以前の乳児殺害はほとんど発見されていなかったのです。

少なくともヨーロッパでは、赤ん坊の性別が殺害の基準となることはなく、望まれない出産や**婚外子**《こんがいし》をなかったことにするため、あるいは家族の人数をコントロールする手段としておこなわれるのが一般的だったようです。

ヴィクトリア朝《ちょう》〔だいたい一九世紀後半のころ＝四〇ページ注参照〕のロンドンでは、毎年何百もの小さな遺《い》体《たい》が発見されましたが、その犯罪を追及する意欲も人手《ひとで》もありませんでした。歴史家**ジョージ・K・ベルマー**（George K. Behlmer）の推計によれば、当時イングランドとウェールズにおける乳児殺害の件数は毎年数千件にのぼりました。そして、この推計値は昔も今も、殺人率の計算には含《ふく》まれていません。

一六世紀から一七世紀にかけて制定された乳児殺害への厳《きび》しい罰則《ばっそく》は、多くの地域で近代までつづきましたが、裁判所が女性に「疑《うたが》わしきは罰《ばっ》せず」を認めるようになったため、緩和《かんわ》された場所もありました。

英国では一八世紀になると、一時的な心神喪失《しんしんそうしつ》〔精神的な障害により善悪の判断ができない状態〕が乳児殺害の抗弁《こうべん》として認められるようになりました。それでも有罪になる可能性はありましたが、恩赦《おんしゃ》〔犯罪者をとくべつにゆるすこと〕の可能性も残されていました。

ロンドンの**オールド・ベイリー**（裁判所）では、一六九〇年から一七九九年のあいだに一九六件の乳児殺害の裁判がおこなわれましたが、そのうち有罪判決が出たのは六二件だけでした。

一八世紀になると、女性に対する社会の考え方が変化しはじめ、裁判所は

ジョージ・K・ベルマー（一九四八～二〇二四） 近代史、英国社会史が専門の歴史家。米国ワシントン大学名誉《めいよ》教授。著書に『イングランドにおける児童虐待《ぎゃくたい》と道徳改革 一八七〇年～一九〇八年』、『危険な海岸――西太平洋における野蛮《やばん》と植民地主義』がある。

オールド・ベイリー イングランドおよびウェールズの中央刑事裁判所は、その所在地の通りにちなんで、こうよばれる。

被告の女性の（さらにいえば殺人犯全般《ぜんぱん》の）精神状態を考慮《こうりょ》するようになりました。そのため、子どもを殺した女性はしばしば被害者として扱《あつか》われたり、精神疾患《しっかん》があったと見なされるようになりました。

一九世紀半《なか》ばには、英国で乳児殺害により起訴《きそ》された女性が受ける判決は、死刑ではなく軽犯罪になりました。

ヨーロッパでは赤ん坊の性別が問題視されることはなかったようですが、世界のほかの地域だとそれは当てはまりません。

たとえば、中国、インド、ベトナム、パキスタン、アゼルバイジャンなどでは、男児を生まなければならないというプレッシャーから、多くの女児が殺されたり捨てられたりしてきましたし、現在でもそうです。

インドと中国の二つの例を見てみましょう。

女児を出産するにあたって世界で最も危険な場所はインドであるとメディアが報道することがよくあります。

レイプの恐《おそ》れとは別に、女児の乳児殺害と胎児殺害（女児の選択的中絶）をめぐる深刻な問題があります。**乳児殺害は一八七〇年に違法**となりましたが、極度の貧困、レイプで妊娠《にんしん》した望まれない子ども、障害をもつ子ども、貧困家庭で生まれた子ども、未婚の母親、持参金《じさんきん》制度などを理由に依然《いぜん》としてつづいています。国は持参金《じさんきん》制度を禁止する措置《そち》を講じましたが、この慣習は根強く残っており、農村部の貧しい家庭では、適切な持参金《じさんきん》を調達できないことで社会的に排斥《はいせき》されることを恐《おそ》れて、女児の乳児殺害や選択的中絶がおこなわれるのです。

そして、中国でも何世紀にもわたって女児の乳児殺害がおこなわれてきました。おもな原因は、インドと同様、家父長制《かふちょうせい》社会、持参金《じさんきん》制度、貧困です。その結果、仏教や儒教《じゅきょう》の教えに反するにもかかわらず、乳児殺害が蔓延《まんえん》しました。

歴史家の**ミシェル・T・キング**（Michelle T. King）が指摘《してき》するように、一九世紀の中国においては、中国の男性エリートは乳児殺害を「野蛮《やばん》な風習」と

乳児殺害は一八七〇年に違法 英国植民地当局は、インドにおける女児殺害の根絶《こんぜつ》を求めるキリスト教宣教師《せんきょうし》や社会改革者らの圧力を受けて、一八七〇年に「女児殺害防止法」を可決、施行《しこう》した。

ミシェル・T・キング（漢字表記では金恬） 米国ノースカロライナ大学チャペルヒル校の史学科准《じゅん》教授。専門は近代中国のジェンダー史および食の歴史。主著『誕生と死のあいだ——一九世紀中国における女児殺害』。

一人っ子政策　一九七九年から二〇一四年ないし二〇一五年まで実施された産児制限政策。中国語では「一孩《いちがい》(ハイー)政策」とよばれるが、中国政府は公式名称として「家族計画政策」とよんでいる。

生まれながらも登録しない　闇《やみ》の戸籍《こせき》という意味から、これを中国語では「黒戸口《ヘイフーコウ》」といった。

見なしていましたが、それでもおもに溺死《できし》や窒息《ちっそく》、餓死《がし》、遺棄《いき》などで女児が殺されていました。

一九七九年、中国政府は人口を持続可能な範囲内に抑《おさ》えることを意図《いと》して「**一人っ子政策**」という過激な社会実験を導入しました。

この政策は、何世紀にもわたってつづいてきた男児優先の伝統をさらに悪化させたと見られます。もともと強い家父長制《かふちょうせい》社会にあって、多くの親が老後の保障として男児をもつことが不可欠だと考えたのです。

農村では女児が**生まれながらも登録しない**ということもあったため、殺された女児の数をうかがい知ることはできません。しかし、推定では数百万人にのぼるとも言われています。

戦時下の性的暴行

ジョアンナ・バークが述《の》べるように、戦争とはたんなる「機械的な殺戮《さつりく》」にとどまるものではありません。

歴史をつうじて、戦争ではレイプ、性的暴行、性的殺人、性的拷問《ごうもん》がおこなわれてきました。しかし、学者たち（そして一般の人びと）がこうしたテーマをよりオープンに研究し、議論しはじめたのは最近のことです。

それにはいくつかのきっかけがありました。

一九九〇年代に明らかになった、旧ユーゴスラビア紛争の集団レイプや「レイプ・キャンプ」、ルワンダ虐殺《ぎゃくさつ》における性的暴力、第二次世界大戦中のアジアでの「慰安婦《いあんふ》」についての告白、同じく第二次大戦において東ヨーロッパや中央ヨーロッパでおこなわれたソ連の集団レイプに関する調査などです。

第二次大戦では、ほかのどの戦争よりも多くのレイプが発生した可能性がありますが。戦争時のレイプについては、女性や女児に対しておこなわれたもののほうが、男性や男児の例よりもはるかに多くの研究があるため、以下では異性間のレイプに限定して述《の》べます。

一九九〇年代以前は、戦争におけるレイプはそれほど議論されてきませんでした。それはひとつには女性も男性も被害者はそのことをあまり口にしてこなかったからです。

沈黙には理由があります。被害者は自分が経験したことを恥《は》ずかしく感じていることもありますし、また一方で思い出すだけで苦痛をともなう場合もあります。とくに、話が深くトラウマ的かつ個人的な出来事《できごと》にふれたときはそうです。

たとえば、一六歳の**ガブリエレ・ケップ**（Gabriele Köpp）は、第二次世界大戦末期に東ヨーロッパを横断したソビエト赤軍《せきぐん》によってレイプされた、推定二〇〇万人の女性の一人でした。

被害者の半数は集団レイプによるものだった可能性があります。ケップがそのつらい体験を書くことができたのは八〇歳になってからであり、そして彼女はそのことを書き残した二人めのドイツ人女性でした。

赤軍《せきぐん》のレイプにより、ベルリンだけで一万人の女性が自殺したと推定されています。

ソ連兵によるドイツ人女性へのレイプは、戦後何年にもわたってつづき、それは新しく建国されたドイツ民主共和国〔かつての東ドイツ〕の「政治的」問題にま

ガブリエレ・ケップ（一九二九～二〇一〇）　ドイツの物理学者。東ヨーロッパからの逃亡とソ連兵による多数の強姦《ごうかん》について記した自伝で、物理学以外でも知られるようになった。

1. 1945年8月、ドイツのライプチヒでドイツ人女性に嫌《いや》がらせをするソ連兵　Keystone Press/Alamy Stock Photo

で発展しました（写真1）。

　レイプは、どんな戦争であろうと、そして、どちらの側であろうと、侵略軍に関係する個人たちによっておこなわれます。

　第二次世界大戦中、ナチスとドイツ軍兵士は、ユダヤ人女性などに対して、ゲットー（ghetto）や強制収容所、戦闘地帯において、性的拷問《ごうもん》やレイプをしました。

　そして、連合国軍は第二次大戦において、フランス、フィリピン、イタリア、日本でレイプをおこないました。

　歴史家**ロバート・リリー**（J. Robert "Bob" Lilly）の推定によれば、一九四二年から一九四五年のあいだにヨーロッパで米軍兵士にレイプされた女性は一万

ロバート・リリー　米国ノーザンケンタッキー大学の社会学・犯罪学教授。専門は性犯罪、銃《じゅう》社会《しゃかい》の問題、軍人による犯罪、戦時強姦《ごうかん》、監視の社会学。

四〇〇〇人から一万七〇〇〇〇人にのぼります。

また、戦後数年間にわたり、何千人もの日本人女性がレイプされましたが、そのなかには英連邦占領軍を構成していたオーストラリアやニュージーランドの兵士たちによるものも一部ありました。

戦時中、日本軍は何万人もの女性を性的奴隷《どれい》にしました。彼女たちはその後、「慰安婦《いあんふ》（comfort women）」というまわりくどい呼《よ》び方で知られるようになりました。これはひじょうに問題のあることばであり、当然ながら、女性に対して侮辱的《ぶじょくてき》だと考える学者もいます。

日本軍による強姦《ごうかん》と強制売春は、シベリア出兵（一九一八～一九二二年）を端緒《たんちょ》としますが、とくに一九三〇年代後半以降において、日本の東アジア侵略の特徴のひとつとなりました。

強制的に連行されて、あるいは不本意に動員されて、性的奴隷《どれい》の状態におかれた女性の数は、五万人から二〇万人と推定され、そのほとんどが朝鮮人でしたが、中国人、台湾人、フィリピン人、そしてすこし日本人も含《ふく》まれていました。日本軍は、より残虐《ざんぎゃく》でない制度を考案することができなかったか、する気がなかったため、慰安所を設《もう》ければ現地の女性に対する強姦《ごうかん》を減らせると考えたのです。

第二次世界大戦中、女性に売春を強要したのはけっして日本軍だけではありません。ドイツ軍も同様であり、その占領地において、売春宿《やど》に収容された女性や女児は五万人にのぼるとも推定されています。

ナチスはまた、強制収容所内にも売春宿《やど》を設置しました。その「客」は収容所の一部の囚人《しゅうじん》たちであり、倒錯的《とうさくてき》ながら、強制労働の報酬《ほうしゅう》システムの一環として機能していました。

第二次世界大戦の終結以降の武力紛争における性的暴力を列挙《れっきょ》すると、深刻かつ悩《なや》ましい事態が明らかになります。一九四七年、インドとパキスタンの分離独立のさいには**パンジャブ**地方の分割により、七万五〇〇〇人から一〇万人の女性が誘拐《ゆうかい》され、レイプされました。

バングラデシュ〔東パキスタン（飛び地）〕独立戦争および**第三次インド・パキスタン戦争**

パンジャブ　「パンジャーブ」とも。インド北西部からパキスタン北東部にまたがる地域で、インド・パキスタンの分離独立のさいに、両国によって分割された。

第三次インド・パキスタン戦争　「第三次印《イン》パ戦争」とも。一九七一年一二月三日から一七日にかけて勃発《ぼっぱつ》した戦争。同年三月に発生した、東《ひがし》パキスタン（のちのバングラデシュ）の独立戦争で難民がインドに流出したことで両国の対立が激化。同年一一月にインド軍が東《ひがし》パキスタン西部に展開したのを受け、パキスタンがまず非常事態宣言を出し、インドも非常事態宣言を出す緊張状態になり、戦争状態に発展。制空権《せいくうけん》においても地上作戦でもインド軍が優勢なまま、ほどなくパキスタン軍は無条件降伏。このインド勝利によりパキスタンから独立を宣言していたバングラデシュが国際的に承認される国家となった。

では、一九七一年から一九七二年にかけての九か月間で二〇万人から四〇万人のベンガル人女性がレイプされ、その八〇%がイスラム教徒でした。

一九九〇年代には、ボスニア・ヘルツェゴビナ、コソボ〔ともに旧ユーゴスラビアの一部〕、東ティモール〔東南アジアの島嶼（とうしょ）部にあるティモール島の、おもに東半分の地域〕、シエラレオネ、グアテマラで、拷問《ごうもん》や虐殺《ぎゃくさつ》とともにレイプもはびこりました。一九九一年から一九九九年にかけての旧ユーゴスラビア紛争では、あらゆる勢力で集団レイプが起きましたが、とくにセルビア軍が、イスラム教徒、カトリック教徒、クロアチア人の女性に対して広範《こうはん》かつ組織的な犯行をおこないました。いくつかの推定を参照すると、レイプされた女性は約二万人といいます。女児を含《ふく》む女性たちは、自宅へのひんぱんな襲撃《しゅうげき》、レイプを目的に設置された収容所への収監《しゅうかん》、そして強制売春の被害に遭《あ》いました。

一九九四年のルワンダ虐殺《ぎゃくさつ》では、生き残ったツチ人の、女児を含《ふく》む女性の五〇%から九〇%が性的暴行を受けたとされますから、二五万人から五〇万人の女性と子どもがレイプの被害者になったことになります。

二一世紀においても、**ダルフール**では住民を価値ある土地から砂漠《さばく》へと追

ダルフール（Darfur） アフリカ北部の国スーダンの西部地域で、リビア、チャド、中央アフリカ、南スーダンと接している。

い出すために集団レイプが用《もち》いられました。

二〇一一年のある報告書の推定によると、**コンゴ民主共和国**では毎日、女児を含《ふく》む一〇〇〇人の女性がレイプされています。被害者の三分の一は一八歳未満の子どもでした。


なぜ戦争でレイプが発生するのか、それも、ときには大規模なレイプが起きるのか、その理由は戦場によって異《こと》なります。

一九四五年以降、レイプが戦争における意図的《いとてき》な戦術のひとつになった地域もあります。前述のコンゴや旧ユーゴスラビアがそうであり、性的暴力が「戦争の武器」として、敵の尊厳《そんげん》を傷《きず》つけ、その集団に屈辱《くつじょく》をあたえるという強力なメッセージを伝えるために用《もち》いられました。

とはいえ、こうした例はまれです。

ただし、レイプをおこなう男性は、必ずしも共同体を害する意図《いと》から行動しているわけではないにしても、自分の行為《こうい》がもたらす広い影響を認識している可能性はあります。

コンゴ民主共和国　中部アフリカに位置する共和制の国。首都はキンシャサ特別州。北西の隣国《りんごく》に、似た名前のコンゴ共和国（首都はブラザヴィル）がある。

すなわち、ジョアンナ・バーク〔四八ページ注参照〕のことばを借《か》りれば、やはりペニスは武器であり、暴力と支配の道具なのです。この場合、レイプは（ほかの残虐行為《ざんぎゃくこうい》と同様に）極度の暴力によって男たちが絆《きずな》を深める「儀式《ぎしき》」のひとつとなります。

多くの学者が指摘《してき》しているように、戦争において男性にとって最も重要なのは部隊です。

戦地で生活と生存のすべてがかかる部隊こそが、命令があったかどうかにかかわらず、レイプ、レイプ殺人、拷問《ごうもん》、虐殺《ぎゃくさつ》といった極度の暴力行為《こうい》をしばしばおこなうのです。

さて、ここまで述《の》べた事実をふまえ、現在の世界におけるジェンダー暴力の状況を考えてみましょう。

ジェンダー暴力は世界の多くの地域で増加傾向にあるようです。

時代遅れの家父長制《かふちょうせい》的、女性差別的な考え方のためという面もありますが、こうしたジェンダー暴力の背後にはそれだけではない複雑な原因があります。

女性や子どもに対する暴力は、家庭内でもその外でも、現在までつづいており、世界的な大問題です。

世界じゅうの多くの地域で、女性と子どもはレイプされ、人身売買され、労働やセックスワークで搾取《さくしゅ》されています。

紛争地域では、国家が女性に対する暴力を管理し、コミュニティや難民キャンプで、組織的なレイプを戦争の武器として使用することもあります。


世界で、女性のおよそ三分の一が、人生のいずれかの時期に、殴《なぐ》られたり、性的関係を強要されたりした経験があります。

妊婦の四分の一が家庭内暴力を受けたことがあります。

国連のある報告書によると、一五歳から四九歳までの少なくとも二億人の女性と女児が、**クリトリス切除《せつじょ》**ともよばれる性器切除《せつじょ》を経験しています。

タンザニア、トーゴ、イラク、ケニア、ガーナなど、女性器切除《せつじょ》が広くおこなわれている国はまだあります。

クリトリス切除　たまに見かける訳語《やくご》として「女子割礼《かつれい》」があるが、これは男子の割礼《かつれい》からの単純なパラフレーズ（いいかえ）。実際には、男子の場合とは意図《いと》も影響も異《こと》なっており、むしろ女性差別的であるとの判断からここでは用《もち》いず、ストレートに陰核《いんかく》（クリトリス）の切除《せつじょ》とした。

名誉の殺人（honour killing）　中東やアフリカや南アジアなどの慣習《かんしゅう》で、男性と婚前交渉《こんぜんこうしょう》をもったり、婚姻《こんいん》関係にない男性とつきあったり、あるいは親が認めていない男性とつきあったりした女性が、「家族の名誉《めいよ》を守る」という名目《めいもく》のために父親や兄弟によって殺されること。

いわゆる「**名誉《めいよ》の殺人**」によって、世界じゅうで毎年約五〇〇〇人の女性が殺されているといわれます。

こうした措置《そち》はすべて、女性の性《せい》と生殖《せいしょく》をコントロールするためにおこなわれています。

また、女性たちは職場において、人目《ひとめ》につきにくいかたちで嫌《いや》がらせや暴行を受けており、そのため加害者は処罰《しょばつ》されません。

わたしは、女性が耐《た》えなければならない虐待《ぎゃくたい》の一部にふれたにすぎません。世界には意識が変わりつつある地域もありますが、そこでもあるべきレベルにはまだ達していませんし、そもそも、ほかの多くの地域はほとんど変わっていません。

現在のところ、世界のほとんどの社会で、女性が性的虐待《ぎゃくたい》や家庭内暴力の被害者となる割合が不当に高くなっています。

平時と戦時の両方において性的虐待《ぎゃくたい》が蔓延《まんえん》している証拠《しょうこ》が見つかるということは、レイプが社会で広く容認《ようにん》されているという厄介《やっかい》な事実をしめしており、だからこそ世界じゅうで、こうした性的暴力の起訴率《きそりつ》や有罪率がひじょうに低い要因となっていると考えられます。

Chapter

3

対人暴力

この章のはじめに

歴史上ほとんどの時代において、男性どうしの暴力行為《こうい》は、相手への攻撃を目的とするだけでなく、仲間の前で自分を証明し、グループに帰属《きぞく》するためのものでもありました。

この章で論じるのは、男性たちが争い相手を殺す理由、暴力の種類（抗争、復讐《ふくしゅう》、ナイフ戦、決闘）、「名誉《めいよ》社会」と暴力の密接な結びつき、そして何世紀にもわたり、とくに欧米諸国において対人暴力がしだいに減少し、かたちを変えてきたとみられる背景についてです。

この章では、なぜヨーロッパと米国において殺人が減少したか、いくつかの論点をとりあげます。世界のなかでもこの二つの地域に焦点をあてるのは、殺人についての長期的な推移《すいい》〔うつりかわり〕がある程度正確に把握《はあく》されているという単純な理由からです。

欧米以外の地域における致死的《ちしてき》な対人暴力の発生状況については、比較的知られていません。それはおもにデータが少ないためです（ただし、中国など何世紀にもわたる記録が存在する地域もあり、そうしたところでは先駆的《せんくてき》な調査がおこなわれています）。しかし、欧米諸国よりも男性による暴力が多いという事実とその理由については言及《げんきゅう》するつもりです。

もうひとつ考えたいことに、ヨーロッパでは年々、殺人率が明確に低下しているのに対し、米国ではそうではないという問題があります。〈欧米《おうべい》〉と〈非欧米《ひおうべい》〉のちがい、そして〈欧《おう》〉と〈米《べい》〉のちがい、この二つの比較《ひかく》には異《こと》なる面がありますし、実際《じっさい》に起きている暴力を分析するための理論もちがいますが、それでもなお、どうして時代の変化とともに国によって殺人率に大きな格差が生じるのかという疑問へと導《みちび》かれます。

人間それぞれがもつ暴力への潜在的《せんざいてき》な能力が同じであるならば、なぜある社会がほかの社会よりも暴力的になるのでしょうか。

どのような状況が致死的《ちしてき》な暴力の増加につながるのでしょうか。

こうした議論に入るにあたって、まずはいわゆる名誉《めいよ》社会の問題について考えてみたいと思います。

名誉概念の変化と暴力の減少

昔も今も、多くの社会において、男性の名誉《めいよ》を左右するのは戦う覚悟をもっているかどうかです。

名誉《めいよ》とは、仲間や社会によって個人が高く評価されることであり、多くの場合、肉体的な強さや性的な活力と結びついています。

名誉《めいよ》とは、とくに男性が重視する価値であり、財産と同じように積み重ねられる資産だと考えてください。名誉《めいよ》を傷《きず》つけられた場合、とり戻《もど》す方法はただひとつしかありません。それは報復的《ほうふくてき》な暴力です。また、文化によっては、自分の名誉《めいよ》を守る覚悟の証《あかし》として、剣《つるぎ》やナイフをもつなど、男らしさを外面的にしめさなければならない場合もありました。

男らしさという名誉《めいよ》は、相手のふるまい、視線、侮辱《ぶじょく》、妻《つま》の不義の吹聴《ふいちょう》など、さまざまなことで傷つけられます。そのため、男性は（拳《こぶし》、ステッキ、ナイフ、剣などを用《もち》いた）暴力行為《こうい》によって自分の男らしさを証明し、名誉《めいよ》を挽回《ばんかい》しなければならなかったというわけです。

それが一六世紀のイタリア、スペイン、フランス、英国で、正式な儀式としての決闘へと発展し、また同様の文化は日本やインドにもありました。

歴史家の**ゲルト・シュヴェアホフ**（Gerd Schwerhoff）も述《の》べていますが、このように暴力、その形式、その社会的機能は、高度に儀式化された劇的《げきてき》な装置のなかでからみ合っていました。それは嘲笑《ちょうしょう》や侮辱《ぶじょく》、そして脅《おど》しの身ぶりからはじまって、最終的に重傷や死へといたることもある、展開の定められたドラマなのです。

こうしたドラマは通常、公衆の面前で演じられるものでした。なぜならすこしからかわれただけでもそれを放置すれば、本人だけでなく家族さえ社会的地位を失いかねなかったからです。

時が経《た》つにつれて、名誉《めいよ》という概念《がいねん》は、勇敢さや男らしさの物理的な表現

ゲルト・シュヴェアホフ（一九五七〜）　ドイツを代表する犯罪史家の一人。二〇〇〇年から二〇二四年までドレスデン工科大学で近世史教授をつとめた。主著に『農民戦争――荒唐無稽《こうとうむけい》なたくらみ』。

から切り離されていきました。ピーテル・シュピーレンブルク〔一〇ページ参照〕が「名誉《めいよ》の精神化」とよんだ現象です。

名誉《めいよ》はしだいに個人的なもの、もっといえば内心のものとなり、侮辱《ぶじょく》がそのまま身体的暴力につながることはなくなりました。

このことは、一七世紀末以降のヨーロッパにおける変化、すなわち、伝統的に男性の名誉《めいよ》を構成していた概念《がいねん》に代わるものとして「社会性」(civility)と「礼節」が重視されるようになったこと、エリートたちのあいだで「社会性」とは相容《あいい》れないものとして決闘に対する批判が強まるとともに、国家によって喧嘩《けんか》や決闘の禁止が法制化されたこと、腕力による紛争解決に代わるものとして多くの人びとが利用できる司法制度が発達したこと、などとあわせて考える必要があります。

いいかえれば、暴力の減少は人びとの相互《そうご》の接し方やふるまい方の変化とも関連しているというわけです。

この論理には説得力がありますが、それでもまだ疑問が残ります。

第一に、名誉《めいよ》に執着《しゅうちゃく》する男性がいつも暴力でそれをあらわすわけではありません。たとえば**ランドルフ・ロス**（Randolph Roth）は、名誉《めいよ》からは、ある社会がつねに一貫《いっかん》して暴力的である理由を説明できないと主張し、名誉《めいよ》は「暴力の**究極要因**ではなく**至近《しきん》要因**にすぎず、経済的利益、人種対立、社会的地位など、より深い格差を表現するための文化的手段」だと述《の》べます。

第二に、社会性と暴力のレベルのあいだには因果《いんが》関係がないかもしれません。たしかに、少なくともヨーロッパでは近世以降、ある種の身体的暴力が許されなくなっていったと考えてもよいかもしれませんが、だからといって、社会的相互《そうご》作用の様式が変化したために暴力のレベルが低下したということにはなりません。

じっさい、一九世紀にはイタリア、ドイツ、フランスなどの国で決闘が復活しました。その時代に決闘をおこなったのは、社会的地位を高めるために貴族の真似《まね》をする中流階級の軍人たちが大半でしたが、つまり「名誉《めいよ》の精神化」は社会のすべての階級に完全に定着したわけではなかったようです。

しかし、家庭内暴力のように、たんに隠《かく》れておこなわれるようになったも

ランドルフ・ロス　米国オハイオ州立大学文理学部・刑事司法《けいじしほう》研究センター教授。専門は植民地時代から一九世紀までの米国史。「歴史的暴力データベース（Historical Violence Database）」の共同創設者のひとりで、主著に『米国における殺人』がある。

究極要因／至近要因　オランダの動物行動学者ニコ・ティンバーゲンが提唱する〈四つの「なぜ」〉の二つ。〈どのようなしくみか〉を問うのが「至近《しきん》要因」で、〈どんな機能なのか〉を問うのが「究極要因」とされる。このほか、成長にともなって〈どうやって獲得《かくとく》されたか〉を問う「発達《はったつ》要因」と、〈どんな進化《しんか》を経《へ》てきたか〉を問う「系統進化《けいとうしんか》要因」がある。

ロバート・シューメイカー　英国シェフィールド大学名誉《めいよ》教授。専門は英国社会史。主著に『訴追《そつい》と処罰《しょばつ》』がある。

のもあるとはいえ、男らしさや名誉《めいよ》に対する考え方の変化によりある種の暴力が減少したのはたしかなように思われます。

それはまた暴力に対する見方にも影響をあたえたようで、一八世紀から一九世紀にかけて、足かせやさらし台、鞭打《むちう》ちなど、加害者を公《おおやけ》の場で辱《はずかし》め、貶《おとし》めることを目的とした刑罰《けいばつ》は減少しました。

歴史家の**ロバート・シューメイカー**（Robert Shoemaker）が指摘《してき》しているように、英国では一八三七年にさらし台の刑が廃止されました。さらし台が法と秩序《ちつじょ》を維持するどころか、むしろ危《あや》うくするものと見なされたからです。

また、当時の人びとは違法な小冊子を出版した作家や印刷業者などに対しては、不当に摘発《てきはつ》されたと、ひじょうに同情的になりました。こうした場合、裁判所の決定が群集によって妨《さまた》げられることもあったのです。

逆に、詐欺《さぎ》や冒瀆《ぼうとく》、また強姦《ごうかん》や獣姦《じゅうかん》のような性犯罪など、社会道徳に対して侵犯的《しんぱんてき》と見なされる犯罪で有罪となった場合、群集は暴力的になり、ときには犯罪者を襲撃《しゅうげき》し殺害することもありました。

殺人

殺人は、戦争を除けば、世界において暴力が人間の死をもたらす最大要因です。二〇一六年にはおよそ五六万人が暴力によって亡《な》くなっています（自殺を除く）。このうち武力紛争で死亡した人は二〇%未満で、六八%は故意《こい》の殺人の犠牲者でした。

世界の殺人件数は一九九〇年の三六万二〇〇〇件から二〇一七年には四六万四〇〇〇件と過去三〇年間で増加傾向にありますが、これはまだ概算にすぎません。多くの国では今でも暴力による死亡のデータが収集されていないからです。

ヨーロッパ史における殺人率についてはマニュエル・アイズナー〔二九ページ注参照〕らによる体系的研究がおこなわれ、そのおもな結論は、中世後期から二〇世紀中盤《ちゅうばん》にかけて殺人率が大幅《おおはば》に低下したというものです。

その低下に関して、近年ではより慎重な議論がされるようになっています。

たとえば、ジェームズ・シャープ〔二八ページ注参照〕は、一般的に推定される殺人率について、一三世紀の英国の農村部で平均して一〇万人に二〇人程度であったものが、一八〇〇年には一〇万人に一人にまで減少したと結論づけています（殺人率は人口一〇万人あたりの死亡者数で測定されます）。ランドルフ・ロス〔八二ページ注参照〕は、一七世紀初頭の英国における実際《じっさい》の殺人率は、おそらく一〇万人に一五人程度だったと述《の》べています。

一方で、一三世紀から一七世紀のあいだの数字は「一貫《いっかん》した減少傾向」をしめしていないとまで主張する学者さえいます。

歴史学者が西ヨーロッパの殺人率について正確に述《の》べられるようになるのは、やはり記録の保存がすすんだ一八世紀以降です。この時代には、殺人率は現在とほぼ同じレベルになっていました。

ほぼたしかなのは、一七世紀から一八世紀にかけて、実際《じっさい》に殺人率の低下が起きたのは、西ヨーロッパの主要な国々、すなわち英国、オランダ、ドイツ（そしておそらくフランスも）においてだということです。

つまり、イタリア、スペイン、ギリシャといった地中海沿岸諸国では、一九世紀後半まで殺人率は比較的高いままでした。

たとえば、アテネは一九世紀末には世界的に見ても殺人が多い町でした。当時のアテネには地方から多くの人が流入していました。しかし、一九二〇年までには世界で最も低い水準まで下がり、現在でもきわめて暴力の少ない都市でありつづけています。

一方、一八世紀の中国では、清《しん》王朝の中央統制力の低下、終末論的宗教による反乱、海賊《かいぞく》や盗賊《とうぞく》の増加などの結果、ヨーロッパとは反対に殺人率が上昇しました。

ただし、この傾向は二〇世紀に逆転し、中国、日本、韓国、シンガポールなどは現在世界で最も**殺人率**の低い国となっています。

それには日本、韓国、シンガポールなどの国の場合、貧困の集中をともなわずに経済成長を遂《と》げたことが一役買《ひとやく》っている可能性があります。

また、これらの国では、犯罪での逮捕《たいほ》が拭《ぬぐ》い去りがたい社会的スティグマ〔烙印（らくいん）。四五ページ注参照〕となることも影響しているかもしれません。

このように、殺人率について分析するには国や地域でのちがいが考慮《こうりょ》されなければなりませんが、しかしそれだけでなく、そうしたちがいが生じる背

殺人率　国連薬物犯罪《やくぶつはんざい》事務所（UNODC）によれば、一〇万人あたりの殺人発生件数（二〇二二年）ワースト3《スリー》は次のとおり。
①英国領タークス・カイコス諸島（七六・五八件）
②ジャマイカ（五三・三四件）
③南アフリカ（四五・五三件）
一方、主要先進国は次のとおり。
●米国（六・三八件）
●カナダ（二・二七件）
●フランス（一・二七件）
●英国（一・一三件※）
●オーストラリア（〇・八三件）
●ドイツ（〇・八二件）
●オランダ（〇・八一件）
●イタリア（〇・五五件）
●韓国（〇・五三件）
●中国（〇・五〇件）
●日本（〇・二三件）
●シンガポール（〇・一二件）
なお、世界全体では五・六一件
（※英国のみ前年、二〇二一年のデータ）。

景について理解することも重要なのです。

一六世紀以前ではヨーロッパの権力機関は、名誉《めいよ》のための殺人、さらには突発的な激情による殺人を寛大《かんだい》に扱《あつか》う傾向がありました。死刑になるのは、よほどの計画殺人の場合だけでした。

しかし、一六世紀から一七世紀にかけて、殺人事件は加害者、被害者双方の家族が中心となって解決する問題ではなくなり、裁判官や君主の手に委《ゆだ》ねられるようになりました。

殺人が犯罪であり、殺人者が犯罪者であると見なされるようになったのはこの時期です。これはシュピーレンブルク〔Pieter Spierenburg 一〇ページ参照〕が「殺人の周縁《しゅうえん》化《か》（marginalization of homicide）」とよぶものであり、国家と市民の関係を再定義する社会管理の強化と密接に関係しています。

つまり国家を、市民のために活動し、正義を実現する能力をもつ主体として、より広く受け入れる方向へと移行した時期に、多くの国で殺人事件の発生率が低下したのです。

そして、殺人の周縁化《しゅうえんか》は、社会学者**ドナルド・ブラック**（Donald Black）による、犯罪とはおもに法の枠外《わくがい》にいる社会的地位の低い人びとによっておこなわれる攻撃的な紛争管理の一形態であるという主張とも合致《がっち》します。じっさい、そうした人びとは法律を抑圧的《よくあつてき》で、自身の日常生活からは遠いものと考えることが多いのです。そのため紛争の解決に殺人を含《ふく》む攻撃的手段を用《もち》いる傾向が強いというわけです。

つまり、殺人の減少は、必ずしも国家の強大化そのものが理由ではなく、国家と市民の関係によるものだといえそうです。

たとえばヨーロッパのなかでも北側の国々では、国家は市民を守るための正当《せいとう》な機関だと広く考えられていました。しかし、南側ではまったく逆のことが起きており、国民と国家機関とのあいだに深い不信感がありました。

これはヨーロッパだけでなく米国でも同じです。

ランドルフ・ロスは、過去四五〇年間、北米と西ヨーロッパで殺人の発生率が低かったのは四つの要因があったと言います。すなわち、まず政府は安定したものであり、その法的機関が悪を正《ただ》し、国民の生命と財産を守るとい

ドナルド・ブラック（一九四一〜二〇二四）　米国の社会学者。ヴァージニア大学教授。イェール大学やハーバード大学でも教鞭《きょうべん》をとった。『法のふるまい』、『警察の作法《さほう》と慣習《かんしゅう》』、『社会学的正義』、『善と悪の社会構造』などの著書がある。

う人びとの確信。次に政府とそれを担《にな》う官僚に対する信頼感。そして人種、宗教、政治などによる連帯から生じる共感と仲間意識。最後に社会的ヒエラルキーが正当《せいとう》であり、社会における各人の地位が暴力に訴《うった》えることなく他者からの尊敬を集めることができるという信念。以上、四つの要因です。

これらの要因がすべてそろえば、殺人は一〇万人に一人程度にまで減少する可能性があります。

殺人は、ほかの対人暴力とは異《こと》なり、少なくとも近代においては統計と実《じっ》際《さい》の犯罪件数がかなり正確に一致します。深刻な犯罪は軽い犯罪と比較して記録されやすいからです。

とはいえ、一八〇〇年以前の統計の多くは不完全であり、当時の殺人件数を本格的に推定するにはもの足りません。殺人率の低下は、しばしば暴力全般の水準低下の指標として用《もち》いられますが、犯罪統計の正確さと有用性についてはかなり議論があります。殺人率の低さと暴力全般の水準の低さには相関関係がない場合もあります。

殺人率を算出するにあたっては、時代や地域によって異《こと》なる殺人の定義、殺人として「算入」される段階（起訴《きそ》、有罪判決など）、国家の統計をとる意欲の有無、さらには警察の捜査する意欲の有無など、さまざまな要素を考慮《こうりょ》しなければなりません。

たとえば、英国における一八五〇年代以降の起訴《きそ》についての研究によると、検視官《けんしかん》（遺体の状況を調べて、犯罪の疑いを判定する役職の人）の予算によって殺人罪の起訴《きそ》件数が左右されていた可能性があるといいます。これは乳児殺害が見逃《みのが》されたり、追及されなかったりする理由のひとつでもあります。

国連薬物犯罪事務所（UNODC）の報告書では、殺人を〈対人関係〉〈組織犯罪関連〉〈社会政治関連〉の三つのカテゴリーに分類しています。

対人関係は、富裕国におけるほとんどの殺人事件がそれにあたります。被害者と加害者は顔見知りだったり、親戚《しんせき》関係だったりすることが多いです。見知らぬ人を殺害することは最近ではまれです。組織犯罪に関連した殺人は、米州《アメリカ》大陸（北米、南米、中米）などでよく見られ、通常、縄張《なわば》りや支配権をめぐる争いが絡《から》んでいます。社会政治による殺人は、無差別テロ、ジェノサイド、ヘイトクライム（憎悪《ぞうお》犯罪）などであり、政治的目標を追求する手段です。組織犯罪関連と社会政治関連では、暴力が他者にメッセージを送る手段になっています。この報告書の表現を借《か》りれば、「人が個人としてではなく、その人が象徴《しょうちょう》するもののために殺される」のです。

つまり、被害者の個人的なアイデンティティや人生は関係ないということです。これはLGBTQIの人びとが殺害される事件についてもあてはまるかもしれません。各人の個人的なアイデンティティや人生ではなく、その象《しょう》徴《ちょう》するものによって起きる問題だからです。

なお、殺人犯の性別と年齢構成は、何世紀にもわたってほとんど変わっていないようです。殺人事件の大半は、生殖適齢期《せいしょくてきれいき》（一〇代後半から四〇歳前後）にある男性が、同年代の男性を殺すことで起きます。これはすべての時代、すべての文化における一般的な傾向です（例外もあります）。

加害者と被害者は社会的地位が同じくらいで、ともに独身で、この二〇〇年ほどでは社会経済的に低い階層に属していることが多いです。

LGBTQI（エル・ジー・ビー・ティー・キュー・アイ）多様な性的指《せいてきし》向《こう》や性自認《せいじにん》や性表現《せいひょうげん》のカテゴリーを組み合わせた語。**L**（レズビアン Lesbian）、**G**（ゲイ Gay）、**B**（バイセクシュアル Bisexual）、**T**（トランスジェンダー Transgender）を組み合わせた〈LGBT〉、これに性自認《せいじにん》や性的指向《せいてきしこう》などが定《さだ》まっていないか、あえて定《さだ》めない人をいう**Q**（クエスチョニング Questioning またはクィア Queer）を加えた〈LGBTQ〉、さらには日本語で「間《かん》性《せい》」と訳されることもある中間的な性（セクシュアリティ）である**I**（インターセックス Intersex）を加えたのが〈LGBTQI〉で、いずれも性的少数者をいうことば。

過去二〇〇年で、被害者の傾向における唯一《ゆいいつ》の変化は、女性の被害者が明らかに増えたことです。たとえば、日本、香港《ホンコン》、中国は殺人率がひじょうに低いですが（二〇一一〜二〇一二年では一〇万人に〇・三〜〇・四人）、殺人被害者の五〇％強が女性です。

殺人件数で女性が最も多く殺されているのは、パキスタンとインドなど南アジアで、インドでは殺人被害者の約四〇％が女性となります。

オーストリア、ドイツ、ノルウェー、スイスのような、殺人率がひじょうに低い国でも、被害者のうち女性が占《し》める割合は高く、それぞれ四〇％、四七％、四七％、五〇％です。

しかし、どこよりも女性と女児が危険にさらされているのはアフリカです。南アフリカでは、二〇一八年に約三〇〇〇人の女性が殺害されました。三時間ごとに一人の女性が殺されていることになります。

これは、人口が南アフリカの一二倍であるヨーロッパ全体で同じ年に殺害された女性の数とほぼ同じであり、人口あたりの女性の殺人率では世界平均の五倍以上です。

なお、女性が殺人を犯《おか》す側の場合ですが、少なくとも一九〇〇年以降の統計では、地域によって異《こと》なるものの、有罪判決を受けた殺人犯のうち女性が占《し》める割合は約五～一〇パーセントです。

女性の殺人犯が多かったまれな例としては、一八世紀初頭のストックホルムが挙《あ》げられます。そこでは殺人と過失致死《かしっちし》の犯人の約四五％を女性が占《し》めており、これは歴史上でもきわめて高い割合です。自殺願望が強いにもかかわらず信心深《しんじんぶか》く自殺できない女性が永遠の罰《ばつ》を避《さ》けるために他人を殺すという異常な現象だったようです。自殺する代わりに、自分以外のだれか、たいていは、みずから生んだ子どもを殺すことを選んだというわけです。

彼女たちはそれが死刑になることをわかっていました。自殺は地獄《じごく》行きだが、殺人は煉獄《れんごく》にいたり、その後に天国に行けると信じられていたのです。

女性の殺人はほとんどが家庭内でのものですが、かつては男性よりもはるかに高い確率で絞首刑になりました。

それは、男性でも女性でも殺人という行為《こうい》にちがいがないにもかかわらず、一般的に、女性による犯罪のほうが社会秩序《ちつじょ》に対する脅威《きょうい》が大きいと考えられていたからです。

英国では、一三五一年から一八二六年のあいだ、殺人を犯《おか》した女性は「小反逆罪」で裁《さば》かれ、名目上は火炙《ひあぶ》りの刑で処罰されました。

いいかえれば、男性は罪が軽くなりやすいのに対し、女性はまったく異《こと》なる扱《あつか》いだったのです。

しかし、この傾向は一九世紀後半には転換したとみられます。そのころには、殺人を犯《おか》した女性、とくに暴力をふるう夫《おっと》を殺した女性は、けっして軽い処罰になるわけではなかったものの、絞首刑になる可能性は低くなりました。「女性の純真さと弱さ」というイデオロギーが台頭し、男性は女性をより「騎士道的《きしどうてき》に」扱《あつか》わなければならないとなったからです。

地域や時代にもよりますが、一八〇〇年以前は、殺人にはしばしば男性的な名誉《めいよ》が関係しており、ひんぱんに起こっていました。しかしその後は、少なくとも西洋社会では、殺人は少なくなり、受け入れがたい「センセーショナル」な行為《こうい》として、社会規範に反するものとなりました。

殺人率は、それぞれの時代の社会で暴力がどの程度一定の範囲に抑《おさ》えられていたか（あるいは抑《おさ》えられていなかったか）をしめす指標にはなるかもしれませんが、必ずしもそうした社会における暴力の全体的な水準をしめす指標にはなりません。

殺人率から除外される戦争中の死や、強制収容所など二〇世紀の**全体主義**社会に存在した暴力の次元を考えてみてください。収容所では、事件としての殺人率こそ比較的低いものの、拷問《ごうもん》や監禁が多くの死者を生みました。

そして、このような死は、殺人事件として国の統計に含《ふく》まれることはないのです。

しかしながら、現代の西ヨーロッパにおける殺人（さらには対人暴力も）は、世界の多くの地域と比較すると、ごく低い水準にとどまっています。

例外の米国

米国は、工業化社会における例外になっている国で、ほかの富裕な民主主

全体主義　個人の自由や人権よりも国家や民族など全体の利益を優先する考え方。イタリアのファシズム、ドイツのナチズム、日本の軍国主義がその代表例とされる。

義国よりも二・五倍から八倍も殺人率が高いです。世界の三分の二の人びとは、米国より殺人の少ない国に住んでいます。

米国の銃暴力についてはさまざまな理由が挙《あ》げられますが、それらを検討する前に、いくつかの数字を見てみましょう。

二〇一二年一二月にコネチカット州のサンディフック小学校で発生し、六歳から七歳の子ども二〇人を含《ふく》む二六人の命がうばわれた銃乱射事件から、二〇一八年二月にフロリダ州パークランドで一七人が死亡した学校銃乱射事件までの約五年間で、米国では、

◦九九件の大規模な銃撃事件
◦少なくとも二三九件の学校銃乱射事件
◦一八万八〇〇〇人以上の銃関連死（うち一六歳未満の子どもは八〇〇〇人）

が起きています。

毎日一〇〇人の米国人が銃撃事件で死亡し、さらに数百人が負傷しています。毎年、銃が原因で死亡する学齢期《がくれいき》〔学校に行って教育を受けるべきとされる年齢〕の子どもの数は、服《ふく》務《む》中《ちゅう》の警察官や軍人の死者数を上回ります。

この数字を正《ただ》しく理解するには、内訳《うちわけ》を明らかにする必要があります。銃による死亡の〈三分の二〉は自殺によるもので、殺人によるものは〈三分の一〉です。米国はほかの大半の富裕な国にくらべて、殺人が八倍も多いように、自殺も一〇倍も多いのです。

殺人よりも自殺のほうが多いという状態は、歴史上のすべての社会で見られるものではありませんが、現代の多くの国々では明らかにあてはまる現象であり、男性の名誉《めいよ》感情の内面化と関係がある可能性があります。

現在、欧米諸国のほとんどでは自殺が殺人をはるかに上回っており、世界の総死亡者数としても殺人にくらべて多いのです。世界では毎年約一〇〇万人が自殺しています。殺人が女性よりも男性がよく引き起こすものだったのと同様に、男性の自殺は、女性の自殺よりもはるかに多いのですが、その理由は異《こと》なります。女性の自殺率が低いのは、男性にくらべて社会的なつながりが強く、支援を受けやすいことが多いからです。

殺人については、米国では黒人が被害者の大半を占《し》めており、同じ黒人に殺されるケースがひじょうに多いです。じっさい、黒人が銃で殺される確率は白人の一〇倍にもなります。

黒人が殺害される事件のなかには、割合としては少ないものの、**ブラック・ライブズ・マター運動**によって世間に広く知られるようになった警察による射殺事件も含《ふく》まれています。

米国は欧米社会で最も警察による殺人が多い国です。二〇一八年には、合計九九二人が警察など法執行機関《ほうしっこうきかん》によって銃で殺害されました（約四分の一が黒人、半分が白人、残りはそのほかの人種です。警察による射殺はＦＢＩ〔連邦捜査局〕が公表する殺人率には含《ふく》まれていません）。

二〇〇六年から二〇一六年までの一〇年間で、警察によって射殺された人数が二三人（悲劇には変わりありませんが）だった英国と比較してみてください。英国の警察は基本的に武装しておらず、必要に応じて特殊部隊を招集するのみなのは事実ですが、人口比で数字を調整しても、警察の発砲《はっぽう》による死亡率は米国のほうが英国の六四倍も高いのです。

米国におけるこうした殺人の状況は、警察活動や医学の進歩によってひじょうに複雑になっています。銃で撃《う》たれても命に別状《べつじょう》はなく、負傷者に数

ブラック・ライブズ・マター運動 黒人に対する暴力や差別の撤廃《てっぱい》を求めておこなわれた一連の抗議運動の総称。「黒人の命《いのち》は大切（ブラック・ライブズ・マター）」という意味のプラカードを掲《かか》げたことに象徴《しょうちょう》される。米国ミネアポリス（ミネソタ州）で二〇二〇年に起こった、白人警察官によるジョージ・フロイドさんへの暴行殺害事件によって、このことばと運動が再燃するかたちで波紋《はもん》のように世界じゅうに広がった。

えられるというケースが増加するからです。

二〇一三年の非致死的《ひちしてき》〔致命的でない〕な負傷者数は八万四二五八人。これは、米国民一〇万人あたり二六人以上が銃撃されたことになります。

銃撃事件の被害者に対する治療は日々進歩していますが、一方で米国はほかの富裕な国と異《こと》なり、暴力に対する寛容《かんよう》さが残りつづけています。ロス〔Randolph Roth〕〔八二ページ注参照〕によれば、米国ではさまざまな理由から殺人犯の約五分の三が処罰をまぬがれているといいます。

米国とほかの富裕な国とのあいだにある殺人率の著《いちじる》しいちがいを説明しようとする試《こころ》みは多岐にわたります。

歴史学者**リチャード・スロトキン**（Richard Slotkin）は、米国人の国民性の図式化を試《こころ》み、「暴力による再生神話」と名づけました。さらに南部における奴隷制《どれいせい》と暴力の役割、または民主主義、ジェンダー、男らしさ、名誉《めいよ》をめぐる議論などがあります。大統領選で共和党候補が勝った州では、民主党候補が勝った州よりも殺人や自殺の割合が高いと主張する社会科学者もいるほど

リチャード・スロトキン（一九四二〜）米国の文化評論家、歴史家。主著『暴力による再生』。歴史小説も執筆《しっぴつ》している。

です。ただし、こうした議論にとくに説得力があるものはありません。

米国の殺人率について語るには、その「銃文化《じゅうぶんか》（gun culture）」とよばれる問題を抜きにはできません。米国は、イスラエルとスイスを除けば、世界のどの国よりも銃を所有する世帯の割合が高い国です（全世帯の半数近く）。

ただし、イスラエルやスイスは、米国とはまた事情が異《こと》なります。徴兵制《ちょうへいせい》によって兵士の銃保有を義務づけているイスラエルとスイスでは、国家が一般国民にも一定の義務と責任を求めた結果として銃保有が認められています。米国はそうではなく、約三〇％の国民が銃を保有するものの、それはあくまで個人の選択であり、むしろ国家に対する自己防衛だと解釈されています。その三〇％の銃保有者のうち、三分の二は複数の銃をもっています。これは、米国に次《つ》いで銃保有率が高い国であるフランスとカナダ（どちらも殺人率が高いわけではありません）の二倍にあたります。

そして当然といえば当然ですが、銃の保有と銃器の使用傾向には相関関係がみられます。とくに家庭内暴力と自殺に関してはそうです。

また、米国人の銃を保有する割合の高さを考えると、銃の普及じたいが一種の増幅《ぞうふく》効果をもたらし、市民どうし、法執行機関と市民のあいだなど、さまざまなレベルでの信頼関係をそこなう可能性も否定できません。相手が銃をもっているかもしれないという思いこみから、銃による殺人が発生するということさえ考えられるのです。

ここで疑問をいだくのは、銃の保有が米国の殺人率の高さについての物質的あるいは文化的な説明になるのかということです。**アメリカ合衆国憲法修正第二条**と「人民が武器を保有し、また携帯《けいたい》する権利」については、これまで多くの議論がなされてきました。しかし、（イスラエルやスイスを見れば明らかなように）銃の保有率が高いからといって、必ずしも殺人率が高いとは限りません。かりに銃撃による殺人を除外しても、米国の殺人率はほかの西側諸国より（わずかとはいえ）高いのです。

つまり、銃の存在が事態を深刻にしているのはたしかですが、米国の殺人率の高さは、銃の普及《ふきゅう》だけでは説明できません。

ほんとうの問題は、たんなる銃の保有よりももっと深いところにあり、社

アメリカ合衆国憲法修正第二条　「セカンド・アメンドメント」(Second Amendment「修正第二条」の意)ということばが即座《そくざ》に「武装する権利」とそれについての論争をよびおこすほど、米国ではこの条文の解釈をめぐって議論がなされてきた。ちなみに、条文の日本語訳は次のとおり。「よく規律《きりつ》された民兵《みんぺい》は、自由な国家の安全にとって必要であるから、人民が武器を保有し、また携帯《けいたい》する権利は、これを侵《おか》してはならない。」

会的な、そして明確に文化的なイデオロギーの特質と結びついているのです。

国家に対する態度や社会における個人の役割についてのランドルフ・ロスの議論や、個人の（男性的な）名誉《めいよ》を重視する風潮、暴力に対する寛容《かんよう》さ、自助《じじょ》（self-help）の文化という概念《がいねん》などが、少なくともある程度は、米国におけるほかの西側諸国より高水準の殺人率と対人暴力の理由になっているかもしれません。

世界のほかの地域について

世界の殺人件数は年間約八〇万人です。殺人率は先進工業国の大部分では低下していますが、ほかの多くの地域、とくにアフリカやラテンアメリカではちがいます。

そしてまた、米国のいくつかの都市でも、殺人率は貧《まず》しい発展途上国と同程度の高さになっています。

中米もまた、いくつかの点で国家や民主政治の基盤がおびやかされている危機的状況にある地域です。メキシコは、いわゆる麻薬戦争により、残忍《ざんにん》な

内戦状態にあるシリアに次《つ》ぐ死亡率を記録しています。二〇一五年に発表されたメキシコ政府のデータによると、二〇〇七年から二〇一四年のあいだに一六万四〇〇〇人以上が殺人の犠牲《ぎせい》となりました。その後、さらに多くの人が殺されています。すべての殺人が麻薬や**カルテル**に関連しているわけではありませんが、多くが組織犯罪に絡《から》む殺人です。

中米の北部三角地帯とよばれるエルサルバドル、ホンジュラス、グアテマラからなる地域では、殺人率は中世のヨーロッパよりも深刻です。エルサルバドルでは一〇万人あたり八一人、グアテマラでは三一人、ホンジュラスでは五九人が殺されています。

これらの国々で市民社会が崩壊している背景には、腐敗《ふはい》の蔓延《まんえん》、農地紛争、拷問《ごうもん》や虐殺《ぎゃくさつ》が猛威《もうい》をふるった数十年にわたる内戦（エルサルバドルとグアテマラの場合）、世代を超えた深いトラウマ、先住民の迫害《はくがい》、経済的・社会的格差など、さまざまな要因があります。

ゆたかな世界における殺人率の低さは、全体的な暴力水準の低下として語

内戦状態にあるシリア　「アラブの春」とよばれる民主化運動が二〇一一年、シリアに波及《はきゅう》した民主化デモを、当時のアサド政権が武力弾圧《だんあつ》したことから内戦となった。二〇二四年にアサド政権が打倒され終結。

カルテル　「麻薬カルテル」ともいう。麻薬の密造・密売にかかわる活動をおこなう組織。中米メキシコでは麻薬カルテルどうしの縄張《なわば》り争いに加え、麻薬密売の取《と》り締《し》まりを強化するメキシコ政府と麻薬カルテルとのあいだで現在も「メキシコ麻薬戦争(Mexican drug war)」とよばれる紛争状態がつづいている。

中米の北部三角地帯（Northern Triangle of Central America）　エルサルバドル、ホンジュラス、グアテマラの三か国にまたがる地域をいう語。経済的なつながりをは

られることがよくあります。しかしそれも人種や性別、居住地域によって大きく変わります。

デトロイト〔ミシガン州〕、ニューオーリンズ〔ルイジアナ州〕、ボルチモア〔メリーランド州〕、セントルイス〔ミズーリ州〕といった米国の都市における暴力水準の高さ（一〇万人あたり四五〜六〇人の殺人率）は、ラテンアメリカやアフリカの都市における殺人率の高さに匹敵《ひってき》します。

こうした地域の突出した暴力性の原因は、過剰《かじょう》な男らしさと仲間からの尊敬の念、国家制度への信頼の欠如《けつじょ》、機能不全に陥《おちい》った地域社会、そして暴力に対する寛容《かんよう》さと問題解決のために暴力を行使する意欲などです。

じめ、この地域で蔓延《まんえん》している貧困や暴力や汚職、難民流出などの共通課題に関連して用《もち》られる。略称はNTCA。

Chapter

4

聖《せい》なるものと世俗的《せぞくてき》なもの

この章のはじめに

一六世紀以降、国家による暴力の独占が進んでいきました。国家は互《たが》いに宣戦布告《せんせんふこく》し、暴力を行使する司法機関を管理し、なにが法律違反にあたるかを決定し、暴力の脅威《きょうい》や違反者に対する実際《じっさい》の身体的な処罰によって、国民に法律を遵守《じゅんしゅ》するよう強制したのです。

少なくともヨーロッパでは、中世末期から近世初期にかけて台頭した主権国家が、その支配力と暴力の独占を正当化《せいとうか》する手段として、死刑を活用するようになったといえるでしょう。

しかし、それはひとつの側面ではありますが、当時の国家が行使した暴力のスペクタクル〔大じかけな見せもの〕としての性質を説明しきれません。

西ヨーロッパで最も厳《きび》しい刑罰《けいばつ》が、大逆罪《たいぎゃくざい》、小反逆罪、異端《いたん》、扇動《せんどう》で有罪とされた者に執行《しっこう》されたのは事実です。しかしそれは、儀式や典礼、象徴《しょうちょう》をつうじて、国家の「自然的な権威」をしめすという、より広いメッセージを伝えるためだったのです。

歴史家の**ランダル・マクゴーウェン**（Randall McGowen）が（フーコーにならって）いうように、これは社会を取《と》り締《し》まる手段が不足していたからという側面もありますが、恐怖による抑止《よくし》が有効であるという考えからおこなわれたものでした。


ルールに反した者に死刑を科す社会の意思、そして処罰されるべきと見なされた者が痛みや屈辱《くつじょく》に苦しむ光景を喜んで見る群集の心理は、古代から現代にいたるすべての文化に共通します。

この現象はまさに権力と暴力の関係によるものです。

それを理解するために、わたしは三つの要素、すなわち刑事司法制度の変《へん》

ランダル・マクゴーウェン　米国オレゴン大学名誉《めいよ》教授。専門は一八世紀と一九世紀の英国における死刑と刑法。主要論文に「絞首台の管理——イングランド銀行と死刑制度 一七九七〜一八二一」。

遷《せん》（これはひじょうに多様な変化がありました）、公開処刑や拷問《ごうもん》に対する考え方の変化（なぜ時代とともに処刑や拷問《ごうもん》がおこなわれなくなり、そしてまた処刑がしだいに一般大衆から隠《かく》されるようになったのか）、そして公開処刑における国家の役割について考察します。

公開処刑について考えるうえで重要かつ基本的な問いがあります。それは、〈なぜ人びとは残酷《ざんこく》な見世物《みせもの》であることが明らかなものをわざわざ見に行ったのか〉ということです。

ロンドンの人びとは絞首刑へ、パリの人びとは内臓えぐり出しと四《よ》つ裂《ざ》きの刑（方法はさまざまですが、首を絞《し》めたあと受刑者の腹を切り開いて腸を取り出して焼くのが内臓えぐり出しで、それから斬首《ざんしゅ》し、体を四つに切るか四頭の馬に引き裂《さ》かせるのが四《よ》つ裂《ざ》き）へ、中国の人びとは斬首《ざんしゅ》刑か**凌遅刑**《りょうちけい》（肉が徐々《じょじょ》にきざみとられて死ぬ）へ、米国の人びとは私刑《リンチ》へと押し寄せましたが、それはどうしてでしょうか。

この問いの背後には複雑な問題が存在します。

凌遅刑　長時間にわたって受《じゅ》刑者《けいしゃ》に苦痛をあたえつづける、ひじょうに残忍《ざんにん》な処刑法。かつての中国や朝鮮半島でおこなわれた。この刑は英語では「凌遅」という漢字の中国語読みから〈lingchi《リンチー》〉という。「私刑《しけい》／リンチ」の意の英語〈lynch《リンチ》〉に似ているがまったくの偶然で、語源的には無関係。

あらゆる文化、あらゆる時代をつうじて、人間は他人の苦しみを楽しむという根本的な心理構造を共有しているのでしょうか。

それぞれの時代に暴力的なスペクタクルを生じさせる歴史的に固有の理由があるのはたしかでしょうが、それはこの問題の一部でしかないように思われます。

スペクタクル的な暴力が歴史上つねに起きているという事実は、それが現代の映画やビデオゲームにも見られるという見解も含《ふく》めて、人間の本性《ほんしょう》についてわたしたちに示唆《しさ》をあたえてくれます。

そして、それは人間が暴力に嫌悪感《けんおかん》をいだきつつも、同時に娯楽性《ごらくせい》や興奮《こうふん》を感じることができるという二面性をしめしてもいるのです。

拷問

公衆の場で肉体が拷問《ごうもん》されるスペクタクルは、少なくともフランス革命以前のヨーロッパにおいて社会生活の不可欠な一部でした。

ヨーロッパの法規範《ほうきはん》は、証拠《しょうこ》を得《え》るために拷問《ごうもん》を用《もち》いた古代ローマ法の伝統の影響下にありました。

フランスでは、二種類の拷問《ごうもん》がありました。司法の場でおこなわれ、自白《じはく》を引き出すことを目的とした「**尋問拷問**《じんもんごうもん》」と、有罪判決後に公開でおこなわれ、さらに自白《じはく》を引き出すか、あるいは、たんに犯罪者の身体を罰《ばっ》することを目的とした「**予備拷問**《ごうもん》」です。どちらにせよ、身体、痛《いた》み、真実の三つが密接に結びついているという根強い信念がありました。

しかし、一八世紀になると、痛《いた》み、死、暴力、苦しみに対する考え方が変化したとされます。

この見解は、一九七五年に出版されたフーコーの著書『**監獄**《かんごく》**の誕生**』の影響を強く受けたもので、少なくとも近年まで広く受け入れられていました。

一七五〇年から一八五〇年のあいだに、懲役刑《ちょうえきけい》が主流となり、ほかの多くの刑罰《けいばつ》に取って代わったのはフーコーの指摘《してき》どおりですが、それが啓蒙主義《けいもうしゅぎ》によるものなのか、あるいはそれ以前に法制度改革によって刑事司法制度が変わった結果なのかについては議論があります。

じっさい、ヨーロッパでは一七世紀から、身体刑の有効性が疑問視されれは

尋問拷問／予備拷問　原著の英文では前者は〈preparatory torture〉、後者は〈preliminary torture〉で、ともに〝予備的《よびてき》な拷問《ごうもん》〟という直訳になる。日本語における一般的な訳がないため、ここでは文脈《ぶんみゃく》からあえて訳し分けた。

『監獄の誕生』　邦訳《ほうやく》は新潮社から(一九七七年に旧版、二〇二〇年に新装版)刊行。訳者はフランス文学者の田村俶《はじめ》。原著(フランス語)の題名は「監視と処罰《しょばつ》、刑務所の誕生」(Surveiller et punir, Naissance de la prison)で、原題の後半部が日本語版のタイトルとなっていることがわかる。だれかの視線を意識させることが市民にどういう影響をあたえるかを分析。監視カメラが町のあちこちに設置されている現代社会への予言ともいえるような内容をふくんでいる。

じめ、国家はより効果的な社会統制《とうせい》手段を模索《もさく》しており、拷問《ごうもん》の使用や死刑の執行《しっこう》も減少していました。しかし、それをすべて啓蒙主義《けいもうしゅぎ》によるものとするのは誤《あやま》りです。

たとえば、英国で司法による拷問《ごうもん》が最後におこなわれたのは一六四〇年であり、これは啓蒙主義《けいもうしゅぎ》が広まる以前のことです。

例外はフランスで、拷問《ごうもん》はほとんどおこなわれなくなっていたものの、正式に廃止されたのは一七八八年の王政によってでした。そして、一七九一年にはフランス革命政府がふたたび拷問《ごうもん》を廃止しました。それは拷問《ごうもん》がたんに残虐行為《ざんぎゃくこうい》であるという理由ではなく、「絶対主義の社会的前提」〔拷問が国王の権力をしめす政治的道具だったということ〕と深く結びついていたからです。

拷問《ごうもん》が形式上廃止されたといっても、完全になくなったわけではありません。一九世紀から二〇世紀にかけて、ヨーロッパの植民地でも引きつづき使用されましたが、その使われ方は以前の拷問《ごうもん》とは大きく異《こと》なっていました。

二〇世紀後半の脱《だつ》植民地化闘争においては、ベトナムやケニアなどで、何千人もの自由の戦士たちが帝国主義者によって拷問《ごうもん》されました。

アルジェリアでは、フランス軍が何千人もの人びとを拷問《ごうもん》し、殺害し、「失踪《しっそう》」（政治犯を殺害し、その生死や遺体《いたい》の所在を親族に教えないことの婉曲《えんきょく》表現）させました。

スターリンのロシア、ヒトラーのドイツ、毛沢東《もうたくとう》の中国、ポル・ポトのカンボジアといった**権威主義体制**（authoritarian regime）においても、拷問《ごうもん》は、尋《じん》問《もん》技術として、捕虜《ほりょ》を侮辱《ぶじょく》し貶《おとし》める手段として、さらには市民を威嚇《いかく》する手段として用《もち》いられました。

冷戦時代には、アルゼンチン、チリ、ウルグアイ、ブラジルなど南米の悪《あく》名《みょう》高い軍事政権が、反体制分子《ぶんし》と見なした人びとを拉致《らち》、拘束《こうそく》、拷問《ごうもん》しました。多くの場合、そうした被害者は行方《ゆくえ》不明になりました。

アルゼンチンでは、子どもたちが両親の目の前で拷問《ごうもん》を受けました。

ブラジルでは、軍が「**オウムの止《と》まり木《ぎ》**」とよばれる拷問《ごうもん》器具を使いました。鉄の棒に捕虜《ほりょ》の足や腕を縛《しば》りつけ、逆《さか》さまに吊《つ》るし、殴打《おうだ》や電気ショックを加えるのです。

権威主義体制　〈権威主義〉は〈民主主義〉の対立概念《たいりつがいねん》のひとつ。独裁者《どくさいしゃ》が政治を我《わ》が物《もの》にしてコントロールする〈専制《せんせい》〉とくらべると民主主義的なしくみを有《ゆう》しており、リーダー個人のカリスマや権威によって国民を服従させるもの。制限つきの選挙や、体制批判を許さない形式ばかりの野党が存在するなど、民主主義であるかのような体裁《ていさい》をよそおう傾向がある。

オウムの止まり木　ブラジルの公用語であるポルトガル語では〈Pau《パウ》 de《ジ》 arara《アララ》〉とよばれる。かつてポルトガルの奴隷《どれい》商人がいうことをきかない奴隷《どれい》に対する罰《ばつ》として使ったことに由来《ゆらい》するという。その後、一九六〇年代から一九七〇年代にブラジルの軍事独裁《どくさい》政権が反体制派に対して使った。

こうしたラテンアメリカの軍事政権による拷問《ごうもん》の被害者数は正確にはわかっていませんが、推定では一〇万人から一五万人におよぶとされます。ウルグアイでは、軍事政権の最も厳《きび》しい時代には、国民の五〇人に一人が拷問《ごうもん》を受けたといわれています。

アフリカにおける拷問《ごうもん》についてはまだ充分に解明されていませんが、**イディ・アミン**（Idi Amin）時代のウガンダや**ロバート・ムガベ**（Robert Mugabe）政権下のジンバブエでは組織的におこなわれていました。アパルトヘイト時代〔人種隔離（かくり）政策がしかれたのは一九一〇年から一九九一年まで〕の南アフリカでは、治安部隊が政治犯を拷問《ごうもん》し、焚《た》き火《び》の上で焼いたこともありました。

また、地域にかぎらず、性的な拷問《ごうもん》、とくに男性に対するものは報告されにくいという問題もあります。

もちろん、拷問《ごうもん》が合法であろうがなかろうが、大きなちがいはありません。

国家が必要だと判断すれば、拷問《ごうもん》はおこなわれるのです。

一九八七年に発効した国連の**拷問等《ごうもんとう》禁止条約**は、これまでに一三〇か国が

イディ・アミン（一九二五〜二〇〇三）アフリカ東部の国ウガンダの第三代大統領。一九七一年のクーデターにより大統領に就任。軍事独裁《どくさい》政権を率《ひき》いた八年間に三〇万人とも四〇万人ともいわれる国民を虐殺《ぎゃくさつ》した。

ロバート・ムガベ（一九二四〜二〇一九）アフリカ南部の国ジンバブエの初代首相、第二代大統領。二〇一七年の大統領辞任まで三七年にわたってジンバブエの最高指導者の地位にあった。

拷問等禁止条約　正式名称は「拷問《ごうもん》及《およ》び他《た》の残虐《ざんぎゃく》な、非人道的《ひじんどうてき》な又《また》は品位《ひんい》を傷《きず》つける取《と》り扱《あつか》い又《また》は刑罰《けいばつ》に関する条約」。発効《はっこう》は一九八七年。日本は一九九九に加入。二〇二四年現在の批准《ひじゅん》国は一七四か国。

批准《ひじゅん》しているにもかかわらず、拷問《ごうもん》、あるいは少なくとも条約が対象とする「残虐《ざんぎゃく》な、非人道的な又《また》は品位を傷《きず》つける取扱《とりあつか》い」は、米国や英国など民主主義を掲《かか》げる国を含《ふく》む、世界一四一か国でいまだにおこなわれています。

九・一一〔二〇〇一年九月一一日のアメリカ同時多発テロ事件〕のあと、ふたたびテロの危機に瀕《ひん》する可能性があるという緊急事態を口実《こうじつ》に「何千人もの人命」を救う手段として、拷問《ごうもん》が自白《じはく》を引き出すための「信頼できる」方法であると宣伝《せんでん》されました。そして、それは「正《ただ》しい拷問《ごうもん》」として許容《きょよう》され、西側諸国で使用されたのです。

こうして拷問《ごうもん》を正当化《せいとうか》する者もあらわれました。しかし、そんな想像力ゆたかなハリウッド映画のような西側諸国の危機は、わたしたちが知るかぎり実際《じっさい》は起きなかったのです。

いわゆる「テロとの戦い」で、国家がふたたび拷問《ごうもん》を主導するようになったことは、かつて否定された暴力へと逆戻《ぎゃくもど》りしていることになります。西側の民主主義国家は今や、敵に対してなにをしてもよいと主張しているのです。

そしてまた、拷問《ごうもん》の加害者たちが、毎日テレビで見ているものにどれほど影響されているのかという問題もあります。

2. 西側世界〔自由主義諸国〕**がイラクにもたらした民主主義**〔以上は皮肉〕**：アブグレイブ刑務所でフードをかぶらされ、箱の上に強制的に立たされた男性**
US Government

一九九五年から一九九九年のあいだに、テレビのゴールデンタイムに虚構《きょこう》の拷問《ごうもん》シーンが放送されたのはわずか一二回でした。ところが、二〇〇二年から二〇〇七年のあいだには、それが八九七回に増加しました。

米国の人権擁護《ようご》団体は、イラクの刑務所において、米国の尋問官《じんもんかん》がテレビから影響を受けていたと主張しています。アブグレイブ刑務所での拷問《ごうもん》とイラク侵攻《しんこう》を象徴《しょうちょう》する写真があります（写真2）。

そこにはフードをかぶせられた男性が箱の上に立たされ、両手と首にワイヤーが巻きつけられた姿が写っています。彼は落ちたら感電死すると米国の看守たちから告《つ》げられたそうです。

そして、これは看守たちが自《みずか》ら撮影した写真なのです。

心的外傷後ストレス障害　身《み》の安全が脅《おびや》かされるような出来事《できごと》により精神的なショックを受け、そのことで後日、起こるさまざまな障害（二一ページ注「心的《しんてき》外傷《がいしょう》」も参照）。PTSD《ピーティエスディ》は〈Post-Traumatic Stress Disorder〉（ポスト・トラウマティック・ストレス・ディスオーダー）の頭文字《かしらもじ》による略語。

同様の写真がたくさんあります。看守たちはしばしばカメラに向かって微笑《ほほえ》み、自分たちの行為《こうい》に喜んでいるようすがうかがえます。

拷問《ごうもん》を受けた被害者は、身体に加えられた残虐行為《ざんぎゃくこうい》の恐怖や、家族や友人の情報を漏《も》らし裏切った罪悪感から、**心的外傷後《しんてきがいしょうご》ストレス障害《しょうがい》**（PTSD）を発症する可能性が高いのですが、しかし、これは加害者や戦争犯罪者にも起こりうることです。

自分がおこなった残虐行為《ざんぎゃくこうい》の記憶《きおく》やその結果とともに生きていかなければならなくなった人は少なくありません。そして、被害者と加害者の双方に同じ精神疾患《しっかん》の診断がくだされることについても疑問をいだく余地《よち》があります。

ドイツや日本の加害者たちを、どの程度まで、ナチスや帝国主義国家の体制の被害者だと見なすことが妥当《だとう》なのでしょうか。

あるいは、南ベトナムにおける米国の加害者たちを、どの程度まで米国の帝国主義的政策の被害者として見なすことが妥当《だとう》なのでしょうか。

死刑と暴力のスペクタクル

かつて公開処刑は、おそらく公開拷問《ごうもん》よりもひんぱんに実施されていたと考えられます。

ローマの闘技場が建設される何百年も前から、町の広場が処刑の場所として使われていました。古代ローマ時代には、真昼に闘技場で犯罪者を処刑することが一般的になります。処刑方法としては、犯罪者を野獣《やじゅう》に襲《おそ》わせるのが主流でした。また、火刑に処したり、剣闘士として戦わせたり、たんに殺害することもありました。

ローマ帝国の崩壊後、一五世紀ごろまでは、ヨーロッパで〔公開の〕処刑がおこなわれることはまれで、とくに派手《はで》な演出もありませんでした。

中世の大半においては、人に対する暴力犯罪は財産犯罪よりも軽く扱《あつか》われ、通常は法的機関への罰金《ばっきん》と、被害者または（殺人の場合は）被害者の家族への賠償金《ばいしょうきん》の支払いによって解決されていたのです。しかし、時代が進むにつれ、公開処刑はしだいに派手《はで》さを増していき、西ヨーロッパでは一七世紀にピークを迎《むか》えます。その後、急速に衰退《すいたい》しましたが、一八世紀にはふたたび盛《も》り返します。

じっさい、一八世紀から一九世紀初頭にかけては、それ以前の時代よりも多くの人びとが処刑されたのです。

尊属殺《そんぞくさつ》(parricide)や反逆罪などの重罪に対する刑罰《けいばつ》のなかには、車輪の上で(あるいは車輪を使って)四肢《しし》〔両手と両足〕を砕《くだ》くという恐《おそ》ろしいものもありました。処刑人は、囚人の手足を車輪で粉砕《ふんさい》し(車輪によってか、車輪にくくりつけてかは、それぞれの慣習によります)、その後、死体を棒や柱に固定し、公衆の目にさらしました。

この風習はフランスでは一七八七年まで、ドイツでは一八四〇年代までつづけられていました。英国では一八世紀に議会が死刑に値《あたい》する犯罪の数を五倍に増やし、その結果、一六八八年には約五〇だったものが一八二〇年には約二四〇にまで増加しました。一方、フランスでは死刑に該当《がいとう》する犯罪はわずか六つしかありませんでした。

もっとも、多くの英国人は流刑《るけい》に減刑《げんけい》されることで死刑をまぬがれること

尊属殺　祖父母や両親、おじやおばなど、親族関係のうえで親と同列かそれ以上にある血族を「尊属《そんぞく》」といい、「尊属殺《そんぞくさつ》」はそれにあたる人を殺すこと。

ができたため、一七七〇年から一八三〇年のあいだにおける公開の絞首刑の数は「比較的ひかえめな」七〇〇〇件にまで少なくなっていました。

なお、一八四〇年代までには、死刑が適用される犯罪は基本的に、大逆《たいぎゃく》罪《ざい》、殺人罪、海賊行為《かいぞくこうい》、そして公的な兵器庫や造船所の破壊という四つに絞《しぼ》られました。

ロンドンでは、死刑の頻度《ひんど》は犯罪に対する**モラル・パニック**と関係があったようです。一九世紀の最初の数十年間には、**スチュアート朝**《ちょう》時代以来の多さで死刑が執行《しっこう》されていました。

一八世紀をつうじて、西ヨーロッパのほとんどの地域で、人びとは暴力や権力の行使を排除《はいじょ》する方法について考えはじめました。

公開処刑は依然《いぜん》として社会的に受け入れられ、観衆を集めましたが、緩慢《かんまん》な絞殺《こうさつ》による絞首刑や、内臓えぐり出しと四《よ》つ裂《ざ》きの刑にともなう長時間の苦痛よりも、「ドロップ」とよばれる即座《そくざ》に命をうばう絞首刑や**ギロチン**が好《この》まれるようになりました。

モラル・パニック　社会的あるいは民族的な少数派（マイノリティ）に対する誤解や偏見《へんけん》などにより増幅《ぞうふく》された社会不安から発生する、道徳観をベースにしたパニック的な集団行動のこと。

スチュアート朝　英国本土の北部スコットランドを起源とする王朝で、一三七一年から一七一四年まで三四〇年以上もつづいた。一六〇三年以後は南部のイングランド国王を兼《か》ねた同君《どうくん》連合体制となった。

ギロチン（guillotine）　二本の柱《はしら》の内側にある溝《みぞ》に鋭利《えいり》な刃《は》がはめこまれ、上部から柱《はしら》のあいだをすべり落ちることで、すぐ下に伏《ふ》せた状態の受刑者の首を切断する刑具《けいぐ》。医師でフランス革命後パリ選出の議員だったジョゼフ＝イニャス・ギヨタンが、受刑者の苦痛を緩和《かんわ》する意図《いと》で議会に提案し、採用された。刑具《けいぐ》の名に提案者の姓《せい》(Guillotin)がついたことにギヨタンの親族は心を痛めたという。

マーカス・A・ドエル　英国スウォンジー大学の人文地理学教授。主著に『ポスト構造主義の地理学』、『暴力の地理学』がある。

「ドロップ」はより効果的で人道的な処刑方法として一七八三年にロンドンで導入されましたが、「費用」の問題から一九世紀前半まで全国的に普及《ふきゅう》しませんでした。

「小反逆罪」（配偶者《はいぐうしゃ》の殺害）で告発された女性は火炙《ひあぶ》りにされましたが、通常はその前に絞首されていました。英国で女性が最後に火刑にされたのは一七八九年で、翌年にはこの刑罰《けいばつ》は廃止されました。

一七九二年にフランス革命政府が導入したギロチンは、当時としては合理的で効率的、かつ人道的な処刑方法であり、革命政府の啓蒙的《けいもうてき》な姿勢をしめすものでした。死がスペクタクルではなく、機能的なものと見なされたのです。

人文地理学者**マーカス・A・ドエル**（Marcus A. Doel）のことばを借りれば、暴力はもはや〔見せしめや権力の誇示《こじ》などの〕メッセージを発するためのものではなく、効率的に運用されるものになったというわけです。

多くの学者は、一八世紀後半から一九世紀初頭にかけての時代を（少なくとも西ヨーロッパにおいて)、痛《いた》みや苦しみ、死、暴力に対する考え方の転換期と捉《とら》えています。

考え方が変化したという点では広く合意されていますが、その変化の性質や理由については意見が分かれています。

スペクタクルな暴力の誇示《こじ》、とくに公開処刑をともなうものは、一四〇〇年から一六〇〇年のあいだに頂点を迎《むか》えたとされます。それ以降も国家による暴力や残虐行為《ざんぎゃくこうい》の壮大な誇示《こじ》はつづいていましたが、その後、頻度《ひんど》が減少していきます。

フロイトの影響を受けた**ノルベルト・エリアス**(Norbert Elias)は、西ヨーロッパが「文明化の過程」を経《へ》たと論じ、その過程は、絶対主義国家や国民国家による暴力の独占と並行して進行し、攻撃的な衝動《しょうどう》が飼《か》いならされ、抑《よく》圧《あつ》されていったと主張しました。

それはひとつの見方ですが、じっさいのところ、公開処刑の衰退《すいたい》の時期や理由について、たしかな答えを出すのはほとんど不可能です。

ノルベルト・エリアス(一八九七〜一九九〇) かつてのドイツ帝国東部のブレスラウ(現在のポーランド領ヴロツワフ)生まれ。英国籍でユダヤ系ドイツ人の社会学者、哲学者、詩人。フランクフルト大学名誉《めいよ》教授。主著『文明化の過程』。邦訳書《ほうやくしょ》に『スポーツと文明化』(法政大学出版局)。

多くの学者が指摘《してき》しているのは、啓蒙主義《けいもうしゅぎ》の到来、**公共圏**《こうきょうけん》の台頭、西洋経済の変化、国家の中央集権化とそれにともなう国民生活への統制の強化などです。

改革を主導したのは社会の上層部でした。革命の動乱期における暴徒への恐怖や群集の不道徳性に対する懸念《けねん》、死刑囚が充分な悔恨《かいこん》の念《ねん》をしめしていないという認識、死刑後にさらされる切断され腐敗《ふはい》した死体の光景や匂《にお》いに対する嫌悪感《けんおかん》の高まり、そして啓蒙《けいもう》思想にもとづく人道主義的な衝動《しょうどう》、さらに死のプライバシーについての考え方の変化といった要素がすべて、社会の上層部に影響をあたえ、その思考や法律の変化に寄与《きよ》したのです。

しかし、それでもなお、公開処刑は国家が費用を負担し、何百人、大都市では何千人もの観衆が集まる大きな公的行事としてひんぱんに実施されました。一八世紀のロンドンでは、**絞首刑に一〇万人もの人びとが集まる**こともありました。

とくに問題視されたのは、ロンドンのニューゲート監獄《かんごく》〔ロンドンの最中心部である「シティ」にあった〕からタイバーン（現在の**マーブル・アーチ**付近にあった歴史的な公開処刑場）まで

公共圏（public sphere）「公共領域《りょういき》」とも。ドイツのハーバーマスやアーレント、フランスのアルチュセール、フーコーなど、ヨーロッパの哲学者がしばしば用《もち》いる概念《がいねん》で、「私圏《しけん》／私領域《しりょういき》」に対する語。日本語の「世間《せけん》」に近いかもしれない。

絞首刑に一〇万人もの人びとが集まる　英国の泥棒で何度も脱獄をしたのち最後はロンドン市中を引きまわしになり絞首刑となったジャック・シェパード（一七〇二〜一七二四）の場合、一説に二〇万人ともいわれる市民が沿道や刑場の見物客《けんぶつきゃく》となった。

マーブル・アーチ　ロンドン中心街「シティ」から西へ四〜五キロ、かつて荘園《しょうえん》（私有地）だったタイバーン地区、現在の「ハイドパーク」の北東すみに立つ。すぐ近くに地下鉄のマーブル・アーチ

受刑者が移送されるさいの群集のふるまいでした。

ロンドン市当局は、移送のさいに群集を制御《せいぎょ》できなくなっていることを懸《け》念《ねん》していました。それが一七八三年に処刑場所がニューゲート監獄《かんごく》の前に移された理由のひとつでした。ただし、ほかにも説《せつ》があり、歴史家の**V・A・C・ガトレル**（V. A. C. Gatrell）は、人道的な理由ではなく、不動産開発業者が嫌《いや》がったことが大きな要因だったとしています。いずれにせよ、移送をなくし、群集の規模を抑《おさ》えることで公共秩序《ちつじょ》が回復することが期待されました。

しかし、結果はそうはなりませんでした。

数万人規模の群集が依然《いぜん》として絞首刑の見物《けんぶつ》に押し寄せ、それが公開処刑が最終的に禁止された一八六八年までつづいたのです。廃止にあたっても公開処刑の利点について激《はげ》しい議論が交《か》わされるほどでした。

一九世紀から二〇世紀にかけて、司法による処刑は減少し、まれなものとなり、二〇世紀後半には世界の多くの地域で完全に姿を消しました。

また、より人道的な処刑方法をめざして、テクノロジーが役割をはたした

駅がある。アーチはもとはバッキンガム宮殿の中庭につうじる入口の門として設計されたものだったが、宮殿の拡張工事のために移設された。白亜《はくあ》の大理石でおおわれた凱旋門《がいせんもん》で、一九世紀の建造。

V・A・C・ガトレル　英国の歴史家。専門は犯罪と刑罰《けいばつ》の歴史。ケンブリッジ大学ゴンヴィル&キーズ・カレッジ終身研究員。主著『首吊《つ》りの木——一七七〇年から一八六八年における処刑と英国人』。

面もあります。

米国では当時新興《しんこう》だった電力産業の反対にもかかわらず、一八八九年に電気処刑法（Electrical Execution Act）が施行《しこう》されました。ウィリアム・ケムラー（William Kemmler）は、内縁《ないえん》の妻《つま》〔役所に法的な届けを出していないがじっさいには夫婦の状態にある女性〕マチルダ〔愛称ティリー〕・ジーグラー（Matilda "Tillie" Ziegler）を殺害した罪で有罪判決を受け、一八九〇年八月六日にニューヨーク州オーバーンで電気椅子《いす》によって処刑された最初の人物となりました。しかし、この処刑はうまくいかず、ケムラーが死亡するまでに二分以上かかり、彼は悶絶《もんぜつ》しながら死んだとされています。

英国での最後の公開処刑は一八六七年、フランスは一九三九年です。

米国では一九三六年以来、死刑執行《しっこう》は刑務所内でおこなわれていますが、州法によっては、被害者の親族や受刑者の親族などが証人として処刑を見守ることが許されています。

本書執筆時点で、死刑は中国、イラン、サウジアラビア、イラク、エジプトなど世界五六か国〔二〇二三年末の時点では五五か国＝アムネスティ・インターナショナル調べ〕でおこなわれています。

毎年の死刑執行《しっこう》数が圧倒的に多いのが中国です（二〇一九年に中国で処刑さ

れた人数は六五七人と推定されていますが、**アムネスティ・インターナショナル**はほんとうの人数を数千人だと考えています）。

日本では、死刑執行《しっこう》のプロセスは秘密主義であり、執行《しっこう》場所は不明、受刑者に知らされるのは執行《しっこう》当日の朝、受刑者の家族が執行《しっこう》を知るのは多くの場合、執行《しっこう》後にメディアをつうじてです。

過去二世紀にわたる西側社会における死刑の減少は、人道主義的な言説《げんせつ》の台頭と並行しています。

現在、西側諸国のほとんどが死刑を廃止していますが、それでもなお世界人口の六〇％以上が死刑を存置《そんち》〔そのまま残しておくこと〕している国に住んでいます。

こうした国々では、かりに死刑廃止をめぐる議論が起こったとしても、その論点の中心はしばしば人命の神聖《しんせい》さという宗教的な価値観におかれます。

宗教と暴力

啓蒙主義《けいもうしゅぎ》とフランス革命は、宗教を国家から切り離すことを目的としたも

アムネスティ・インターナショナル（Amnesty International）　囚人《しゅうじん》支援にはじまって、現在は難民救済や死刑廃止、人権擁護《ようご》などの運動をおこなう非政府《ひせいふ》組織（NGO）。団体名〈amnesty〉は「恩赦《おんしゃ》／大赦《たいしゃ》」の意。

のでした。啓蒙主義《けいもうしゅぎ》の思想家たちは、王制と宗教が廃止されてはじめて地上に平和が訪《おとず》れると確信していました。

フランスの哲学者**ドゥニ・ディドロ**（Denis Diderot）は、「人間は、最後の王が最後の司祭《しさい》の内臓で絞《し》め殺されるまで、けっして自由になれない」と述《の》べており、この感情はのちにフランスに降りかかる革命の暴力を予兆するものでした。しかし、教会と国家、聖《せい》なるものと世俗的《せぞくてき》なもののあいだにこうした分離が存在する時代は、歴史的にはきわめて限《かぎ》られたものでした。

近代以前に生きていた人びとにとって、宗教が政治や日常生活と切り離されるなど思いもつかないことであり、また今でも世界の多くの地域では宗教と政治が不可分です。

しかし、過去に宗教がどの程度暴力を引き起こし、または扇動《せんどう》したかについては、依然《いぜん》として議論の余地《よち》があります。

それは、宗教をどのように定義し、その影響をどのように解釈するかによって議論のなりゆきが大きく左右されるからです。たとえば、**リチャード・ドーキンス**（Richard Dawkins）、**クリストファー・ヒッチンス**（Christopher

ドゥニ・ディドロ（一七一三〜一七八四） 啓蒙主義全盛《けいもうしゅぎぜんせい》の時代に、ダランベールとともに『百科全書』を編纂《へんさん》した「百科全書派」というグループの中心人物。近代の哲学者として最も早い時期に無神論をとなえたひとり。

リチャード・ドーキンス（一九四一〜） 英国の生物学者、動物行動学者。主著『利己的《りこてき》な遺伝《いでん》子（The Selfish Gene）』（邦訳《ほうやく》は紀伊《きの》國屋《くにや》書店）で「生物は遺伝子《いでんし》によって利用される〝のりもの〟である」という遺伝子《いでんし》中心の見方を説《と》き、同書は世界的なベストセラーになった。

クリストファー・ヒッチンス（一九四九〜二〇一一） 英国出身の作家、ジャーナリスト。邦訳書《ほうやくしょ》として『トマス・ペインの≪人間の権利≫』（ポプラ社）がある。

Hitchens）、**サム・ハリス**（Sam Harris）などの著名な無神論《むしんろん》の知識人たちは、宗教の本質が暴力を引き起こすと主張しています。

他方、**ウィリアム・T・キャヴァナー**（William T. Cavanaugh）や**カレン・アームストロング**（Karen Armstrong）はこうした主張に反論しています。

アームストロングは、現代社会が信仰をスケープゴート〔責任をのがれるための身代わり〕にしているが、大規模な組織的暴力が発生するのは、宗教が原因ではなく、人間の本性《ほんしょう》と国家に由来《ゆらい》していると論じます。

二〇〇四年にＢＢＣ〔英国放送協会〕は過去三五〇〇年にわたる主要な紛争《ふんそう》の歴史について採点をおこないました。戦争が宗教的であったか、宗教に動機づけられていたか、宗教的指導者に率《ひき》いられていたかによって、〇点から五点までのランクづけをしたのです。

◦ペロポネソス戦争（紀元前四六〇年ごろ）……………〇点（宗教的要素なし）
◦十字軍……………………………………五点（ひじょうに宗教的）

サム・ハリス（一九六七～）米国ロサンゼルス生まれの著述家《ちょじゅつか》、神経科学者。スタンフォード大学在学中にインド哲学に惹《ひ》かれ、休学してインドに渡《わた》る。その後、大学に復学《ふくがく》し、学位を取得、二〇〇九年にはＵＣＬＡ（カリフォルニア大学ロサンゼルス校）で認知神経科学の博士号を取得。

ウィリアム・T・キャヴァナー（一九六二～）米国シカゴのデポール大学カトリック研究科教授。英国ケンブリッジ大学で修士号取得後、軍事独裁政権下の南米チリの教会で働いた。帰米後デューク大学で博士号取得。主著に『拷問《ごうもん》と聖体《せいたい》』がある。

カレン・アームストロング（一九四四～）アイルランド系英国人の作家、評論家。専門は比較《ひかく》宗教学。修道院《しゅうどういん》に在籍中にオックスフォード大学セント・アンズ・カ

○アルカイダ……………………………………………………………四点
○二〇〇四年のイラク侵攻《しんこう》(おもにジョージ・W・ブッシュ〔米国第四三代大統領〕が「神は自分の味方だ」と発言したことにもとづく)……………三点

そして、過去三五〇〇年の戦争のほとんどは〇点か一点でした。

いいかえれば、この採点では、宗教的な本質をもつ戦争はごく少数だった、ということになります。

この採点はこの問題に対するひとつの見方ですが、ヨーロッパにおける異《い》端者《たんしゃ》や魔女《まじょ》の追及、数百万人が亡《な》くなった中国の**太平天国《たいへいてんごく》の乱**など、数えきれないほどの犠牲者を出した歴史上の宗教「運動」については考慮《こうりょ》されていません。

また、九〇〇人が自殺した**ガイアナのジョーンズタウンの終末論的カルト**や、八六人が死亡した**テキサス州ウェイコでの包囲事件**といった、暴力的なカルト集団の存在も見落とされています。

さらに、社会的・政治的動乱や戦争における宗教的な影響も、長年にわ

レッジに通い、学位を取得。修《しゅう》道院《どういん》を去ったのち、修道院《しゅうどういん》での体験をつづった回想録『狭《せま》き門を越えて』を出版。

太平天国の乱 清《しん》(当時、中国を支配していた王朝)で一八五一年に洪《こう》秀全《しゅうぜん》をリーダーとしたキリスト教の信仰《しんこう》組織が起こした反乱。南京《ナンキン》を拠点とする「太平天国」を建国。一時は北京《ペキン》にせまり、中国大陸の南半分を勢力下においた。一八六四年に鎮圧《ちんあつ》されるまで清朝《しんちょう》に抵抗した。

ガイアナのジョーンズタウンの終末論的カルト 「ジョーンズタウン」は、「ピープルズ・テンプル」という略称で知られる宗教団体(一九五四年から活動開始)が南米のガイアナに開拓農村として設立したコミュニティで、そこで一九七八年に集団自殺事件が発生した。子ども二七六人

を含《ふく》む九一四人もの遺体《いたい》が発見された。教団のリーダー、ジム・ジョーンズの遺体《いたい》のこめかみには銃で撃った痕《あと》があったといわれ、自殺によるものと考えられている。

テキサス州ウェイコでの包囲事件 一九九三年二月から四月にかけて発生した、「ブランチ・デビディアンズ」として知られるカルト宗教団体の施設を米国連邦政府とテキサス州の法執行《ほうしっこう》機関《きかん》が約五〇日にわたって包囲した事件。最終的に火災によって多数の死傷者が出た。

たってつづいてきたものですが、この採点では抜け落ちています。さらにいえば、宗教がより多くの暴力を引き起こすのか、それとも、より平和な世界や社会への道筋となるのかについては、この採点は答えをしめしていません。

わたしは、宗教はその両方の側面をもっていると主張します。宗教には、寛容《かんよう》に他者を受け入れる面もあれば、まったく不寛容《ふかんよう》に他者を拒《こば》み、虐殺《ぎゃくさつ》に発展しかねない行動にいたる場合もあります。すべては歴史的、文化的背景しだいです。

過去の宗教的暴力の多くはひじょうに儀式化されており、人身供犠《じんしんくぎ》〔人間をいけにえにすること〕や儀式的カニバリズム〔人肉を食べること〕、北米やメソアメリカ〔中央アメリカ北西部〕の一部の民族による頭皮剝《は》ぎなど、さまざまなかたちでおこなわれていました。こうした例では、暴力が霊的《れいてき》な意味をもっていることはたしかですが、それでも暴力と宗教の因果《いんが》関係を証明するとなると、さらにむずかしい問題です。

現代の西側社会では、宗教はかつてほど社会の中心的な役割をはたしていませんが、世界のほかの多くの地域では依然《いぜん》として強い力をもっています。
今世紀におけるよりさしせまった問題のひとつは、宗教の名のもとでおこなわれる過激派の暴力やテロリズムです。
たとえば、中東で何千人もの死者を出した**スンニ派**（Sunni）**とシーア派**（Shi'a）**の対立**は、政治と宗教の境界が曖昧《あいまい》になりがちなものの、やはり宗教的動機によるものだと思われます。

　宗教が暴力的な過激主義の要因となる場合（これがつねに議論の余地《よち》ありですが）、おそらくこの問題に取り組む最善の方法は、その暴力を、攻撃されていると感じている共同体における、より広範《こうはん》な暴力文化の一部として考えることです。

メシアニック・シオニスト（Messianic Zionists）、過激派キリスト教徒、インドのシク教徒、仏教徒、イスラム原理主義者など、いずれも自分たちの宗教の名のもとに暴力をおこなう可能性があります。

　さらに、宗教は現代においても暴力や戦争に関与する可能性があります。

それは、宗教が信者に「代替《だいたい》現実（alternative reality）」を提供し、暴力を助長《じょちょう》

スンニ派とシーア派の対立　世界のイスラム教徒のうち、イラクやサウジアラビアなどを中心とする「スンニ派」のほうが多く全体の八割を占《し》め、少数派の「シーア派」はイランを中心に一割ほどにとどまる。両者の対立は歴史的なもので、預《よ》言者《げんしゃ》ムハンマドの後継者をめぐる立場のちがいが発端《ほったん》となっている。

メシアニック・シオニスト　イエス・キリストを旧約聖書において預言《よげん》された救世主《きゅうせいしゅ》（メシア）であると信じるユダヤ人のことを「メシアニック・ジュー」（ジューはユダヤ人のこと）という。「メシアニック」のあとに、パレスチナにユダヤ民族の拠点《きょてん》を打ち立てようとする運動（シオニズム）に共鳴《きょうめい》する人の意味の「シオニスト」を合わせた呼称《こしょう》。ちなみに「シオン」はエルサレムにある丘《おか》の名。

するイデオロギー的枠組《わくぐ》みを提供するからです。

宗教は必ずしも暴力の原因ではありませんが、しばしば暴力に対して道徳的な正当化《せいとうか》を提供するのです。

Chapter

5

集団的・共同体的暴力

この章のはじめに

対人暴力や親密関係間暴力がおもに個人間や少人数のグループ間で発生するのに対し、集団的暴力はときに群集をまきこむことがあり、そうした場合には「暴徒」という非難をこめたよび方をされることもあります。また、状況に応じて組織化の度《ど》合《あ》いは異《こと》なるものの、特定の組織に属するグループが関与するケースもあります。

食糧《しょくりょう》をめぐる暴動や大規模な反乱、革命など、歴史をつうじて、さまざまな種類の集団的暴力が存在してきました。ヨーロッパ、中国、インドで何世紀にもわたって、発生した多くの集団的な不安は、食糧《しょくりょう》問題など生活に直

食糧　食べられるもの全般《ぜんぱん》をいう「食料」に対して、主食となるような米や麦やトウモロコシなどをいうときは「食糧」と区別して用《もち》いる。文字どおり日々《ひび》の糧《かて》になる食べものが「食糧」。飢餓《きが》や飢饉《ききん》に関連する危機的状況のときは「食糧危機」と表記することが多い。

結する不安を理由に起きました。すなわち、飢餓《きが》のおそれから食糧《しょくりょう》暴動や税《ぜい》に対する反乱が長いあいだくり返されてきたのです。

しかし、一九世紀半《なか》ばまでには、食糧《しょくりょう》の供給や不足が原因の暴動は、ヨーロッパではほとんど見られなくなりました。

これは、農業生産性の向上、近代的な交通手段の発展、そして都市化が進展したことで、かつて西洋でも地域的な暴動を引き起こしていた供給の問題が最終的に解決されたためです。

現在ではほかの地域でも、食糧《しょくりょう》供給を理由とする集団的暴力はほとんどなくなったといっていいでしょう。

とはいえ、**世界的に商品価格が高騰《こうとう》**した二〇〇七年から二〇〇八年にかけてのアフリカや南アジアの**ベンガル地方**、また経済的な破綻《はたん》が何千もの抗議行動を引き起こした**二〇一六年から二〇一七年にかけてのベネズエラ**などのように散発的な発生はあります。

集団的暴力には二つの区別があります。ひとつは自発的な集団行動で、こ

世界的に商品価格が高騰　世界各地での凶作《きょうさく》が引き金になり、二〇〇七年から二〇〇八年にかけて世界の食糧《しょくりょう》価格が急激に上昇。二〇〇六年はじめの世界の価格とくらべて米《こめ》は約二倍、小麦やトウモロコシは二〜三割高に達した。このため開発途上《とじょう》国で社会不安と治《ち》安悪化《あんあっか》が拡大した。

ベンガル地方　ガンジス川とブラマプトラ川の最下流にある三角州《さんかくす》（デルタ）地帯の呼称《こしょう》。インド東部の西ベンガル州と、インドの隣国《りんごく》バングラデシュが相当する。世界有数の人口密集《みっしゅう》地帯でもある。

二〇一六年から二〇一七年にかけてのベネズエラ　国連難民《なんみん》高等弁務官《べんむかん》事務所（UNHCR）から「国外への移動を強《し》いられたベネズエラ人」とよばれる人たち、

いわゆる「ベネズエラ難民」は、二〇一四年に一万人を突破、翌二〇一五年に二万人超となり、二〇一六年に五万人超、さらに二〇一七年は一五万人超というふうに倍々以上のペースで増え、二〇一八年には一気に三〇〇万人以上に激増した（国際NGOワールド・ビジョン・ジャパンのHPより）。

れは人びとが不公正だと感じたことに反応するさいに発生します。

もうひとつは長期的で大規模な集団行動で、これはなんらかの組織が主導権を握《にぎ》ることが必要とされます。

この二つの集団的暴力のちがいについては、のちほどくわしく述《の》べますが、集団的暴力は、犯罪的なものから政治的なものまで幅広《はばひろ》く、ギャングや組織犯罪がある一方で、暴動、ストライキ、そして社会運動が目標を達成するためのほかの手段がない場合に暴力に転じることもあります。

わたしたちは、二一世紀に入ったこの二〇年あまりにおいて、多くの運動でこの現象を目撃しました。たとえば、白人過激派とアンティファ（反ファシスト運動）の幾度《いくど》もの衝突《しょうとつ》、「ブラック・ライブズ・マター」運動〔九八ページ注参照〕、そして二〇一九年から二〇二〇年にかけての香港《ホンコン》の民主化運動などです。

ここですべての種類の集団的暴力を充分にとりあげたり、包括的《ほうかつてき》な結論を出したりすることはできません。しかし、ここでは四つの異《こと》なる集団的暴力の形態と、それらが何世紀にもわたってどのように進化してきたかに焦点をあてます。

最初の二つは、反乱と革命に関するものです。人びとを暴動や反乱に駆《か》り立てる要因（食糧《しょくりょう》以外）はなんなのか、権威者に対して残虐行為《ざんぎゃくこうい》をするなど、個人としてふだんなら絶対にしない行動を群集の一員としておこなう理由はなにか、そして、なにが共同体〔さまざまな関係性で深く結びついている人びとの集まり〕を突《つ》き動かして政府を転《てん》覆《ぷく》させるのかを考察します。

三つめは、〈宗教的暴動〉と〈民族的（または人種的）暴動〉（両者はしばしば関連し合っていましたが、つねにそうだったわけではありません）であり、東欧におけるポグロム（ユダヤ人迫害《はくがい》）とアメリカ合衆国におけるリンチ〔私刑《しけい》〕の二つの事例を取り上げます。

最後に、集団的暴力の第四の形態は、犯罪にかかわる暴力です。ここでは、アメリカ大陸におけるギャング関連の暴力をくわしく見ていきます。しかし、まずはあえて「群集心理（crowd mentality）」という厄介《やっかい》な問題について考察をはじめたいと思います。

群集心理

個人ではけっしておこなわないような暴力行為《こうい》を、集団のなかだと実行してしまうという「群集心理」なるものは存在するのでしょうか。

群集に関する古典的なテキストとして、一八九五年に**ギュスターヴ・ル・ボン**（Gustave le Bon）が書いた『群集心理』〔櫻井成夫訳が講談社学術文庫から刊行されている〕があります。この本は一六か国語に翻訳《ほんやく》され、心理学の分野において最も影響力のあるテキストのひとつとなりました。

すなわち、『群集心理』は二〇世紀における大衆政治をたんに理論化したのではなく、その概念《がいねん》を創設したのです。そして、この本は**ムッソリーニ**（Benito Mussolini）や**ゲッベルス**（Joseph Goebbels）にも用《もち》いられました。

ル・ボンは、群集に加わると人は個性を失うと論じます。個性は判断力と理性の基礎であるため、群集のなかでは人は考えや感情に容易に影響され、抵抗することができなくなります。そうして人びとは、より原始的で残忍《ざんにん》な行動へと回帰していきます。そのため、群集は非合理的になり、暴力へと走る可能性があるのです。

ギュスターヴ・ル・ボン（一八四一～一九三一）　フランスの医師、心理学者、社会学者。一八九五年刊行の『群集心理』で一躍《いちやく》有名になった。同書は二〇〇九年にルモンド紙とフラマリオン紙によって「世界を変えた二〇冊の本」の一冊として選ばれた。

ムッソリーニ（ベニート・―　一八八三～一九四五）　イタリアのファシズム指導者。第一次世界大戦後「ファシスト党」を率《ひき》いて一九二二年に政権を獲得《かくとく》。一九三五年にはヒトラーが率《ひき》いるナチス・ドイツと手を結《むす》び、いわゆる「枢軸国《すうじくこく》」を形成した。

ゲッベルス（ヨーゼフ・―　一八九七～一九四五）　ナチス・ドイツにおいて「国民啓蒙《けいもう》・宣伝《せんでん》大臣」をつとめ、ヒトラーの神格化《しんかくか》と体制の強化を図《はか》った。

ル・ボンはこう述《の》べています。

「[…]人は組織化された群集の一員となった瞬間に、文明の階段を何段かくだる。孤立しているときは教養ある個人であっても、群集のなかでは野蛮人《やばんじん》となり、本能に従《したが》って行動する生き物になる。[…]群集のなかの個人は、ほかの砂粒《すなつぶ》のなかに埋《う》もれた一粒の砂にすぎず、風によって意のままに吹き飛ばされるのだ。」

しかしながら、この主張は政治的意図《いと》をもったものであり、現状維持を擁《よう》護《ご》するための理論といわざるをえません。つまり、「大衆」を文明に対する潜在的《せんざいてき》な脅威《きょうい》と見なすべきだという考えを押しとおす目的があったのです。

ほとんどの群集は暴力的ではありません(コンサート、たいていのスポーツイベント、ほとんどのデモを考えてみてください)。今日《こんにち》、多くの社会学者、心

スティーブン・ライヒャー　英国スコットランドのセントアンドリュース大学の社会心理学教授。専門は社会的／集団的アイデンティティ、集団行動、集団間対立、リーダーシップ論。

理学者、そしてそのほかの社会科学者たちは「群集心理」という考え方を認めていません。**スティーブン・ライヒャー**（Stephen Reicher）は、群集の病理学化に異議《いぎ》をとなえ、人びとは集団のなかでアイデンティティを放棄《ほうき》したり、自己を見失ったりすることはなく、集団的アイデンティティを受け入れるのだと主張します。そして、その集団的アイデンティティは通常はルールによって枠付《わくづ》けされているのだと。

ヨーロッパのサッカーのフーリガンもそうです。多くの場合、フーリガンは高度に組織化され、暴力的ふるまいにも儀式性《ぎしきせい》があります。群集は、社会の枠外《わくがい》に存在するわけではなく、特定の社会的文脈《ぶんみゃく》に従《したが》っています。群集は特定の出来事《できごと》に対する反応であり、群集を構成する人びとの関心事《かんしんじ》によって形成される（そして制限される）ものなのです。

群集行動を説明する近年の社会学理論として、ほかに三つの説があります。ひとつめは〈収斂《しゅうれん》説〉〔収斂は「集まる」の意〕で、群集の行動は既存《きそん》の価値観や信念について似た考えの個人が集まった結果であると主張しています。もし群集が暴

創発(emergence) 各部分の特徴を単純に足《た》し合わせただけでは起こりえない特徴が全体になったときにあらわれること。

力的になるなら、それは集まった人びとが、もともと暴力的な行動を望んでいたからというわけです。

次に、〈**創発**《そうはつ》規範《きはん》説〉では、行動は似た考えの個人が集まったあと、はじめて決定されるものであり、その行動は大部分が合理的であるとしています。

三つめに、より影響力のあるものとして〈価値付加《ふか》説〉(あるいは〈構造的葛藤《かっとう》説〉とも)があります。

この説では、社会運動やほかの集団行動が発生するには、次の四つの前提条件が必要だとしています。

まず「構造的葛藤《かっとう》」は、社会問題に対して人びとが怒《いか》りや不満をいだいている状態をさします。次に「一般化された信念」は、社会問題に対する理解と、その解決手段についての共通の信念などです。三つめは「誘発《ゆうはつ》要因」で、これは暴動やムーブメント、デモを引き起こす突然の出来事《できごと》のことです。最後に「社会的統制の欠如《けつじょ》」があり、これは参加者が逮捕《たいほ》や処罰《しょばつ》を予期していない状態をさします。

これらのすべての条件がそろったとき、はじめて集団行動が発生するというのです。
たとえば、二〇二一年一月にワシントンで発生した**連邦議会議事堂を怒《いか》れる群集が襲撃《しゅうげき》した事件**は、この説があてはまる一例と考えられます。

群集と「報復文化」

ヨーロッパにおいては、食糧《しょくりょう》暴動だけでなく政治暴動も時代とともに少なくなっているようです。米国の社会学者**チャールズ・ティリー**（Charles Tilly）は、その長期的な傾向について指摘《してき》し、次のように述《の》べています。

「総じて、一九世紀に西ヨーロッパと北米で広まった争議《そうぎ》の新しい手法は、過去とくらべて、暴力を引き起こす可能性が低くなった。公開侮辱《ぶじょく》だけでなく、耕作地への侵入、穀物《こくもつ》の押収《おうしゅう》、不評な役人の追放、機械の破壊、不名誉《ふめいよ》な家屋の破壊など、一八世紀にはよく見られた直接行動の数々は、一九世紀になるとほとんど姿を消した。」

連邦議会議事堂を怒れる群集が襲撃した事件　共和《きょうわ》党《とう》の現職の大統領が民主党《みんしゅとう》の候補（のちのバイデン大統領）に敗《やぶ》れるという大統領選（二〇二〇年）の結果に納得《なっとく》できないトランプ（当時大統領一期目）支持者が翌二〇二一年一月六日に起こしたもの。トランプ大統領の扇動的《せんどうてき》な発言が群集に火をつけるかたちになったことを問題視する世論が事件後も根強くありつづけるなか、四年後（二〇二四年）の大統領選でトランプは民主党《みんしゅとう》のハリス候補に勝利し、大統領の座に返《かえ》り咲《ざ》くことになった。

チャールズ・ティリー（一九二九〜二〇〇八）　米国コロンビア大学教授。専門は歴史社会学。国家形成論や民主主義のなりたち、社会運動史、労働や不平等の問題など幅広《はばひろ》いテーマで論文を発表した。

たとえば、ティリーは、一八世紀から一九世紀初頭の英国では、集会や暴動、デモ、会合の数じたいは必ずしも減少していなかったものの、そうした集会で人びとが死んだり負傷したりする割合が大幅《おおはば》に減少したことを発見しています。

つまり、政治闘争がしだいに暴力をともなわないものになっていったのです。ただし、この傾向には例外も存在します。

一八一九年八月一六日の**ピータールーの虐殺《ぎゃくさつ》**では、マンチェスターで議会改革を求めるデモ隊に対して騎兵隊が攻撃し、一八人が死亡し、負傷者は数百人にものぼりました。その前には一七八〇年の**ゴードン暴動**があり、これはカトリック教徒に対する差別を緩和《かんわ》する施策《しさく》に端《たん》を発《はっ》した事件で、一八世紀の英国で最も暴力的かつ長引いた騒乱でした。ゴードン暴動では二八五人が死亡し、二〇〇人が負傷しました。

ヨーロッパの歴史の大半において、暴動や反乱（都市部と農村部の両方で）は、経済的、政治的、宗教的な変革に対する拒絶のあらわれとしておこなわ

ピータールーの虐殺（Peterloo Massacre） 英国マンチェスターで発生した弾圧《だんあつ》事件。選挙法改正と穀物法《こくもつほう》（コーンロー）反対を求める人びとの集会に騎兵隊が突入、多数の死傷者が出た。集会がおこなわれていた広場の名「セント・ピーターズ・フィールド」の「ピーター」を、ナポレオンが負けた戦場名「ウォータールー」ふうにしたもの。別名「マンチェスター虐殺《ぎゃくさつ》」。

ゴードン暴動 英国の庶民院《しょみんいん》議員をつとめたジョージ・ゴードン卿《きょう》（一七五一〜一七九三）の率《ひき》いるプロテスタント協会のよびかけがきっかけになって起こったことから、こうよばれる。

ジャン・ニコラ　パリ第七大学名《めい》誉《よ》教授。専門はフランス社会史。主著『フランスの反乱――大衆運動と社会意識 一六六一～一七八九年』。

オーレリアン・リニュルー　フランスの歴史学者。グルノーブル政治学院の教授。一九世紀初頭のフランスをテーマにした著書『フランス帝国 一七九九～一八一五年』がある。

れ、そして、ひんぱんに発生していました。

フランスの研究者**ジャン・ニコラ**（Jean Nicolas）の研究グループによる調査では、フランスだけでも一六六一年から一七八九年のあいだに四人以上が関与した暴動等の事件が八五〇〇件以上発生していたことがしめされています。

さらに、フランスの歴史家**オーレリアン・リニュルー**（Aurélien Ligneureux）は、一八〇〇年から一八一三年のあいだにフランス帝国に併合《へいごう》された領土で合計四六〇件の反乱を確認しています（一八一四年にはさらに七一件の反乱が起きたことを付け加えてもいいかもしれません）。そして、これはフランス本土内で発生したおよそ一〇〇〇件の反乱を除《のぞ》いた数です。

歴史家は暴力的な騒乱に注目しがちですが、それはわたしたちの視点を偏《かたよ》らせる可能性があります。

最近の研究によると、フランス革命期（つまり一七八七年から一七九五年）のパリにおける抗議活動の大半は非暴力的なものでした。ヨーロッパなどのほかの都市部でも同様の傾向が見られたのか、そしてフランスの民衆政治が世界のほかの地域における抗議行動にどの程度影響をあたえたのかを探《さぐ》るのは興味深いところです。

また、不公正があったからといって、人びとはいきなり暴力に走るわけではありません。多くの場合、新たな税や増税、穀物《こくもつ》やパンの価格上昇、兵士の宿営にともなう徴用《ちょうよう》〔物品の強制的なとりたて〕、農業システムの変更、あるいは国家や地方当局の新たな介入《かいにゅう》といった不公正に対するさまざまな反応の結果として、最終的に暴動が起こるのです。

すなわち、典型的な暴動というものは存在せず、大半の暴動にはなんらかの理由がありました。

たとえば、英国では一六世紀から一七世紀にかけて、民衆の抗議活動で最も大きな理由となったのは、共有地の囲いこみ（enclosure）でした。抗議活動はたいてい、人びとが権力の濫用《らんよう》と感じる権力者に対する攻撃を特徴としていました。

歴史家**ウィリアム・ベイク**（William Beik）がこれを「報復《ほうふく》文化」とよんでいるように、群集の行動には復讐《ふくしゅう》の要素があり、責任ある立場にある者がそれ

ウィリアム・ベイク（一九四一〜二〇一七）近代フランス初期を専門とする、米国のフランス史家。エモリー大学などで教授をつとめた。主著に『一七世紀フランスの都市抗議《こうぎ》——報復《ほうふく》文化』。

おそらく史上はじめて…　「おそらく」と原著者がいうとおり、群集によるこのような行為《こうい》が「史上はじめて」の例であった確証はないが、群集による「報《ほう》復的《ふくてき》暴力」の例として、西洋の近代史においてとくに象徴的な出来事《できごと》であったと思われる。

に見合った罰《ばっ》を受けるべきだと考えられていたのです。

そして、ヨーロッパにおける集団的暴力はその性質も時代とともに変化したという見方があります。

チャールズ・ティリー〔前出一三九ページ〕は、集団的暴力がしだいに人の命にかかわるものではなくなっていったと考えましたが、ウィリアム・ベイクの見解はより複雑です。ベイクは、群集による暴力は、何世紀にもわたっておこなわれてきた伝統的な反乱や暴動に根ざしていると主張します。

群集は、権力者がその権力を濫用《らんよう》していると考えた場合、つねに攻撃を加えてきました。しかし、時代がすすむにつれ、伝統的な「報復的《ほうふくてき》暴力」のパターンは変化していき、さらにフランス革命が転換点となったようです。

フランス革命期に、**おそらく史上はじめて**、斬首《ざんしゅ》された頭部が戦利品として槍《やり》の上に掲《かか》げられ、誇示《こじ》される光景があらわれたのです。

もちろん、それ以前の中世や近世でも、囚人《しゅうじん》の首や遺体《いたい》が城壁やレイヴンストーン（「カラスの石」の意。処刑された死体がおかれる台で、鳥が腐《くさ》った死体をついばむことに由来《ゆらい》）に晒《さら》されることはありました。

また、**フランス宗教戦争**（一五六二〜一五九八年）でも被害者を辱《はずかし》めるため、体の部位が陳列《ちんれつ》されたり、売買されたりしました。

しかし、ベイクによれば、革命期の群集による暴力は、恐怖と喜びが入りまじった新しい種類の感情の産物だったというのです。

革命期には、わずか数年のうちに新しい「儀式体系」が発明され、瞬《また》く間《ま》に広まり、そしてまたすぐ消えていきました。

その一例を見てみましょう。一七九二年九月、プロイセン軍がフランスに侵攻《しんこう》し、首都パリに向かって進軍しているという知らせが届《とど》きました。同時に、パリ市内で密《ひそ》かに革命に反対している市民たちが、プロイセン軍の到着を手助けしようとしているという噂《うわさ》も広まりました。これに対し、急進派の**ジャコバン派**とよばれる人びとが刑務所に押し入り、囚人《しゅうじん》たち（聖職者、貴族、女性、通常の犯罪者など）を、反革命分子と見なして殺害しはじめました。数日間で一一〇〇人から一四〇〇人の囚人《しゅうじん》が殺害されたといいます。

フランス宗教戦争　旧教徒（カトリック）と新教徒（カルヴァン派プロテスタント）が対立。一般的には「ユグノー戦争」といわれる。

ジャコバン派　フランス革命の急進的共和派。一七九四年までに独裁的な権力を握《にぎ》るにいたり、恐怖政治をしいた。ちなみに「ジャコバン」はもともと一派が会合に使っていた修道院《しゅうどういん》の名。

ここには、集団的暴力における根本的な変化が見られます。不正や悪事をおこなった者たちを罰《ばっ》し、辱《はずかし》めることから、政治的な敵と見なされる者たちを物理的に排除《はいじょ》することへと変わったのです。

しかし、革命期にさらに変化が起こり、ふたたび国家が暴力の支配権を握《にぎ》るようになりました。

民衆による暴力は、革命政府による国家の暴力に道をゆずりました。国家による暴力については次章でふれますが、一七九三年から一七九四年にかけての「恐怖政治」の時代には、あらゆる階級（貴族、聖職者、農民、労働者）の約四万人が反革命分子と見なされて処刑されました。さらに、フランス西部のヴァンデ地方では内戦が起こり、反乱者が最大二五万人、共和派が二〇万人まで命を落としたと推定されています。

革命

革命は、高度に複雑で階層化された社会が存在する場所であればどこでも発生してきましたが、一般的にはまれな出来事《できごと》です。

革命　古代中国では、国のトップである天子《てんし》は天命《てんめい》によって国を統治し、王朝が替《か》わるときは天子《てんし》の「姓《せい》がかわって命《めい》をあらためる」という意味の「易《えき》姓革命《せいかくめい》」ということばが生まれた。西洋語の〈Revolution〉に、東洋に昔からあった「革命」という語をあてたのは、明治時代の思想家で『西洋事情』や『学問のすゝめ《すすめ》』を書いた福沢諭吉《ふくざわゆきち》といわれる。

「Revolution」（**革命**）ということばがはじめて使われたのは一六世紀、ルネサンス期のイタリアで、ひんぱんに起こる権力の交代（revolutio）をさすために使われていました。

このことばが、既存《きそん》の体制を暴力的に打倒することによる、過去との根本的な断絶を意味するようになったのは近代に入ってからのことです。

近代の主要な革命は、きわめて複雑な出来事《できごと》であり、徹底した研究、白熱した議論、そして多くの理論化の対象となってきました。そのため、個々の革命がなぜ、多かれ少なかれ暴力へ発展したのかを、ここで簡潔に説明することは困難です。

革命と、たんなる反乱や大規模な暴動とを区別するものは、なんでしょうか。その答えは、社会や政治の抜本的な変革《へんかく》を求める思想があるかどうかです。その社会の完全な刷新《さっしん》をめざす思想がイデオロギーとして体系化され、革命を導《みちび》きますが、必ずしもイデオロギーじたいが革命を引き起こすわけではありません。

イデオロギーを推進できるのは、それを指導原理として採用した組織です。たとえば、ロシアのボリシェヴィキ〔レーニンが主導したロシア共産党の前身組織〕がその一例です。

一八世紀末以降に起こった多くの主要な革命では、革命がはじまると粛清《しゅくせい》〔反対する人を暴力的に追放すること〕も含《ふく》めて暴力がしばしばそのプロセスの不可欠な要素となりました。穏健《おんけん》な段階から出発して、しだいに過激化し、社会と政治が完全に変《へん》革《かく》されていく過程で暴力をともなうのです。

さらには、しばしば内戦を勃発《ぼっぱつ》させ、他国との戦争さえ引き起こします。革命家がイデオロギーを他国に広めようとすることもあれば、別の集団や国家が旧体制を回復しようと介入《かいにゅう》することもあるからです。

反植民地革命、いわゆる「脱《だつ》植民地化戦争」においても、革命が近隣《きんりん》諸国に波及《はきゅう》することがあります。これはアメリカ革命、フランス革命、ハイチ革命、メキシコ革命、ロシア革命、中国革命、さらにはラテンアメリカやベトナムの革命でも見られた現象です。

革命家は、世界を明確に二分して捉《とら》える狂信者になる傾向があります。

したがって、自分のイデオロギーや大義に賛成するか、反対するかのどちらかで人を判断します。

そして、反対する者を、革命の目標達成を妨《さまた》げる敵と見なし、迫害《はくがい》し、しばしば排除《はいじょ》します。多くの場合、その排除《はいじょ》は残酷《ざんこく》かつ冷徹《れいてつ》におこなわれます。その末路《まつろ》として、革命がより急進的かつ権威主義的になるにつれ、指導者自身が仲間たちに排除《はいじょ》されることがよくあります。

これは、フランス革命での**ダントン**と**ロベスピエール**、ロシア革命での**トロツキー**、**ジノヴィエフ**、**ブハーリン**の身に起きたことです。さらに北朝鮮やベトナム、イランなど、近現代のほぼすべての革命でくり返されてきたことなのです。

この力学《りきがく》により、革命集団が自分たち以外のすべての存在を道徳的に腐敗《ふはい》したものと見なす場合もあり、少なくともそのひとつがカンボジアのポル・ポト〔一九二五～一九九八〕とクメール・ルージュ〔ポル・ポトが率いた武装組織および政権の名〕です。

ポル・ポトは既存《きそん》の政治的・社会的構造を一掃《いっそう》し、白紙の状態から新たにはじめることを試《こころ》みましたが、その結果、一九七五年から一九七九年にかけ

ダントン（ジョルジュ・ — Georges Danton 一七五九～一七九四） フランス革命におけるジャコバン派のひとり。はじめはロベスピエールをたすけて恐怖政治を推進し、反対派の人を死に追いやる側であったが、しだいにロベスピエールと対立。最終的に自身が断頭台《だんとうだい》にのぼることになった。

ロベスピエール（マクシミリアン・ — Maximilien Robespierre 一七五八～一七九四） フランス革命の後半で最も有名かつ重要な人物。ダントン一派を死に追いやり一掃《いっそう》した一七九四年春からいよいよ個人独裁の様相を呈《てい》したが、恐怖政治に倦《う》む気運の後押しもあり、同年七月のクーデターで失脚し、ギロチンにかけられた。

トロツキー／ジノヴィエフ／ブハーリン 一九二四年、レーニンの死によって、まずスターリンの

て、クメール・ルージュ政権により一〇〇万人以上が虐殺《ぎゃくさつ》されるという「**キリング・フィールド**」として知られる惨劇《さんげき》〔カンボジア大虐殺〕を引き起こしました。

それぞれの革命はさまざまな固有の事情で起きますが、いくつかの共通したパターンがあります。

たとえば、政権に対するエリート層の不満や、深刻な経済・財政危機によって国家が破綻《はたん》寸前になるなど、つねにいくつかの構造的要因がかかわっています。

経済・財政危機については、生活費の高騰《こうとう》や食糧《しょくりょう》不足を背景にすることが多く、またフランス革命のように自然災害によって悪化することもありますし、ロシア革命のように軍事的敗北がきっかけとなることもあります。

これらすべてが国家（あるいは国家元首《げんしゅ》）の権威や正統性をゆるがす原因となりえます。しかし、それだけでなく、広く大衆の不満が高まり、かつ国家の強制力を担《にな》う機関（軍隊や警察）が立場を変えて、革命側へとなびく必要があります。支配者が民衆との接触を完全に失い、なおもエリート層や民衆

政敵トロツキーが排除《はいじょ》された。このときジノヴィエフとブハーリンはスターリンに協力し、排除《はいじょ》をまぬがれた。その後スターリンによる大粛清《だいしゅくせい》が開始。一九三六年に多くの共産党関係者とともにジノヴィエフが銃殺された。翌一九三七年には、一時失脚したものの復権していたブハーリンも粛清《しゅくせい》・銃殺。またトロツキーも一九四〇年に亡命先のメキシコで暗殺された。時《とき》を経《へ》てブハーリンはゴルバチョフ政権時代に名誉《めいよ》回復された。

キリング・フィールド　首都プノンペンにあった収容所付属《ふぞく》の刑場跡《けいじょうあと》をはじめ、カンボジア各地に点在する刑場《けいじょう》をさすことば。知識人、宗教関係者、教師、地方組織の幹部など、多くのカンボジア人が政治犯として逮捕《たいほ》され、殺害された。『キリング・フィールド(The Killing Fields)』と

から孤立する政策をとりつづけると、その政権はやがて正統性を失い、不正義なものと見なされます。これは、一九八九年にルーマニアの**チャウシェスク政権**で起こったことです。

しかし、すべての革命が暴力的であるわけではなく、急進的段階にいたるわけでもありません。一九八九年のチェコスロバキアのいわゆるビロード革命（Velvet Revolution）や、二〇〇〇年代初頭の旧共産圏諸国の**カラー革命**（Colour Revolutions）がそうです。

これらの事例では、エリート層が政権に不満をいだかず、国家は強制力を掌握《しょうあく》し、政権は比較的安定していたという特徴があります。ただし、これらの腐敗《ふはい》した政権を打倒する運動は、しばしば権威主義的傾向をもつ別の腐《ふ》敗《はい》した政権に取って代わられるだけに終わることもありました。これはウクライナやアラブの春、そして東ヨーロッパで起きたことです。

革命はなにを残したでしょうか。

ひかえめにいっても、結果はまちまちです。

いう一九八四年の英米合作映画の題名でも知られる。

チャウシェスク政権　ニコラエ・チャウシェスクは、一九六五年から一九八九年末の政変で妻《つま》エレナとともに処刑されるまで、長きにわたりルーマニアの最高指導者の座にあった。

カラー革命　二〇〇〇年ごろから中欧や東欧、中央アジアの共産圏諸国で起こった民主化運動。国民が色や花を運動の名前にして非暴力の象徴《しょうちょう》とした。この一連の運動で二〇〇三年にグルジア（現ジョージア）で「バラ革命」が、翌二〇〇四年にウクライナで「オレンジ革命」が、二〇〇五年に中央アジアのキルギスで「チューリップ革命」が起こり、いずれも無血《むけつ》で政権交代につながった。「色《いろ》の革命」「花《はな》の革命」ともいう。

アメリカ革命は民主的な政権の樹立をめざし、ある程度はそれを達成しましたが、同時に奴隷制《どれいせい》にもとづく国家体制をつくりだし、一八六〇年には政治的分裂〔リンカーン大統領当選により南部諸州が合衆国から離脱〕と内戦〔翌一八六一年から南北戦争開始〕を引き起こしました。

フランス革命は、内戦で一〇〇万人の犠牲者を出し、さらにヨーロッパ全土で数百万人が命を落とす二二年間にわたる戦争をもたらしました。

ロシア革命も内戦で数百万人が死亡し、最終的にはスターリン政権下での**農業集団化**《しゅうだんか》、大規模な強制移住、政治的弾圧《だんあつ》によってさらに数百万人が命を失いました。同じように、中国でも内戦やその後の**文化大革命**《ぶんかだいかくめい》で数百万人の犠牲者が出ました。

要するに、革命が自由や人権の拡大に結びつくことは多くありません。じっさい、二〇世紀のいくつかの革命は、むしろ自由を制限し、以前の体制よりも権威主義的な政権を生みだしたのです。

集団的暴力における人種と宗教

集団的暴力のなかには、民族や宗教がからんでいるものもあります。

農業集団化　ソ連において集団農場（コルホーズ）や国営農場（ソフホーズ）に農民を強制的に加入させた運動で、たんに「集団化」ともいう。この運動のなかでスターリンによって富農《ふのう》（クラーク）とされた数百万人が強制収容所などで殺害された。

文化大革命　中華人民共和国建国の父・毛沢東《もうたくとう》によって開始された変革運動。中国における共産主義革命を徹底《てってい》させる名目であったが、実質的には、それ以前の失政で政権の第一線をはずれていた毛《もう》が復権するための権力闘争であった。紅衛兵《こうえいへい》とよばれる若者世代を煽《あお》ることにより、一九六〇年代後半以降、国全体が機能停止状態におちいった。

たとえば、インドにおけるムスリムとヒンドゥー教徒、またはヒンドゥー教徒とシク教徒のあいだの暴動や、ミャンマーにおける仏教徒によるムスリムへの攻撃がそうです。

ここでは、ヨーロッパで中世から第二次世界大戦の終わりまで九世紀にわたってつづいた、ユダヤ人に対するポグロムに焦点をあてたいと思います。「**ポグロム**（pogrom）」ということばはロシア語で「雷《かみなり》」や「嵐《あらし》」を意味しますが、このことばが最初に使われたのは、一八八一年から一八八四年にかけてロシア帝国で発生した、非ユダヤ人の暴徒によるユダヤ人迫害《はくがい》をさすときでした。それ以来、このことばは時代や場所を問わず、少数派や特定集団への襲撃《しゅうげき》の代名詞となっています。

ユダヤ人に対するポグロムの多くは、「ユダヤ人居住地域」で発生しました。一七九一年から一八三五年にかけてロシア帝国が獲得《かくとく》した領土で、現在のベラルーシ、リトアニア、モルドバ、ウクライナ、ポーランドの大部分、そしてラトビアやロシアの一部を含《ふく》む地域です。ロシア帝国は、ユダヤ人がこの居住地域の範囲外に住むことを禁じていました。一八二一年の**オデッサ**

ポグロム　正確には、ロシア語で「雷鳴」「轟音《ごうおん》」の意味があるのは〈grom〉の部分で、これに「〜をつうじて」「〜のあとに」という意味の接頭辞《せっとうじ》〈po-〉が前について、（嵐《あらし》のあとの）「破壊」「破滅」の意をあらわす。

オデッサ　一九世紀から二〇世紀初頭にかけて、当時のロシア帝国の一部であったウクライナのオデッサは、ロシア人やウクライナ人だけでなくギリシャ人やユダヤ人などが隣《とな》り合《あ》って暮《く》らす多民族共存《きょうぞん》の都市だった。一八二一年以降、一八五九年のポグロムにつづいて、一八七一年、一八八一年、一九〇五年と、ユダヤ人に対するポグロムがオデッサでくり返し起こった。

〔ウクライナ語ではオデーサ〕での襲撃《しゅうげき》がロシア帝国における最初のポグロムとされることもありますが、多くの歴史家は、一八八一年に**エリザヴェトグラード**（現在はウクライナ）ではじまった事件をロシアにおけるポグロム現象のはじまりと見なしています。

エリザヴェトグラードでの暴力は急速に広がり、ロシア南部とウクライナの七つの州で、農民たちがユダヤ人の商店や家を略奪《りゃくだつ》し、財産を破壊しました。多くのユダヤ人が殴《なぐ》られたり殺されたりし、女性はレイプされました。

また、一八八一年のうちにキエフ〔ウクライナ語ではキーウ〕やオデッサなど一〇〇か所以上にポグロムが拡大しました。こうした凶悪《きょうあく》な襲撃《しゅうげき》を生みだしたのは、反ユダヤ主義のイデオロギーでした。

ユダヤ人は、経済状況の悪化や政治的不安定さなど、あらゆる濡《ぬ》れ衣《ぎぬ》を着《き》せられました。また、ユダヤ人がイエス・キリストを殺害したという主張や、ユダヤ人がキリスト教徒の赤ん坊を殺し、その血をマッツァ（ユダヤ教の過《すぎ》越祭《こしのまつり》で食べられる平たいパン）に混ぜたという根拠のない「血の中傷《ちゅうしょう》」も広まっていました。

エリザヴェトグラード　現在は「クロピヴニツキー」という都市名でよばれる、ウクライナのキロヴォフラード州の州庁所在地の旧称。一九二四年に、この地の出身であるグリゴリー・ジノヴィエフ（一四八ページ参照）にちなんで「エリザヴェトグラード」から「ジノーヴィエフスク」と改称されたが、ジノヴィエフの失脚《しっきゃく》にともない一九三四年、ジノヴィエフによって暗殺されたとされていたセルゲイ・キーロフにちなんだ「キーロヴォ」に改称（その後も一九三九年に「キロヴォグラード」、一九九一年のウクライナ独立にともないウクライナ語の「キロヴォフラード」と改称）。現名称「クロピヴニツキー」は劇作家で俳優のマルコ・クロピヴニツキーにちなんでつけられたもの。二〇二二年の人口は約二二万人。

3. 1904年のビャウィストク〔ポーランド北東部〕**のポグロムで殺されたユダヤ人** Public Domain

ポグロムは二〇世紀初頭までつづき、ときにはロシアの官憲《かんけん》〔警官など治安維持にあたる公務員〕によって扇動《せんどう》されることもありました（写真3）。

とくに激《はげ》しかったのは、一九〇三年から一九〇六年にかけてのポグロムです。一九〇三年、現在のモルドバにあるキシナウ〔ウクライナとルーマニアにはさまれたモルドバ共和国の首都。ソ連邦時代はキシニョフといった〕で発生した恐《おそ》ろしいポグロムでは、数十人のユダヤ人が命を落とし、数百軒の家屋や商店が破壊され、何万人ものロシア系ユダヤ人が国外へ逃《のが》れざるをえませんでした。

ロシア内戦（一九一八～一九二二年）では五万から二〇万人のユダヤ人が殺害され、そして多くのユダヤ人女性や少女がレイプされる悲劇が起きました。

この現象は、戦間期の中央ヨーロッパにも広がり、ナチス・ドイツにおけるユダヤ人に対する街頭暴力へとつながっていきました。

一九三八年一一月九日夜から一〇日未明《みめい》にかけて、ナチスによる「水晶《すいしょう》の夜《よる》(Kristallnacht《クリスタルナハト》)」とよばれる大規模な暴力が発生しました。ユダヤ人への街頭暴力は、第二次世界大戦中も絶《た》えることなくつづきました。ドイツ占領下の多くの地域では、ナチスの高官や兵士がポグロムを支援し、扇動《せんどう》したのです。

戦後もヨーロッパ各地でポグロムはつづきました。たとえば一九四六年には、ポーランドのキェルツェでホロコーストの生存者たちが戻《もど》ってきたさい、地元の住民によってポグロムが起こり、四二人が犠牲となりました。

これらのポグロムは、すでに壊滅《かいめつ》状態だったユダヤ人コミュニティに、ヨーロッパを離れ、新たな避難先を求める大きな動機をあたえる結果〔シオニズム運動の高まりと、中東におけるイスラエル国家の樹立〕となったのです。

米国では一九世紀に入っても、集団的な暴力は日常生活の一部として存在していました。暴動はさまざまな理由で引き起こされましたが、たいていは

水晶の夜　破壊された店舗《てんぽ》のショーウィンドウのガラスが街路にちらばり、月の光に照らされて水晶《クリスタル》のように輝《かがや》いていたことから、この事件名がつけられた。ドイツ全土だけでなく占領地にも広がったこの大規模な街頭暴力事件以降、ナチス・ドイツのユダヤ人迫害《はくがい》が加速することになった。

人種、民族、雇用《こよう》、政治的傾向に関連していました。
たとえば、人口が二〇万人に満たなかったニューヨーク市では、一七八八年から一八三四年のあいだに民族暴動、労働暴動、政治暴動が七〇回以上発生しています。一八六三年のニューヨーク徴兵《ちょうへい》暴動のように、数百人が関与し、数日にわたりつづいたものもありました。このニューヨーク暴動については最終的に約一二〇人が死亡し、二〇〇〇人が負傷しました。

米国で最大級の人種暴動のひとつが、一九二一年に起こった**タルサ人種虐殺**《ぎゃくさつ》です。この事件では、黒人の靴磨《くつみが》きの少年が白人のエレベーターガールへの暴行容疑をかけられたことをきっかけに、繁栄していた黒人コミュニティのグリーンウッド地区が破壊されました。正確な死者数は不明ですが、おそらく数百人が殺され、少なくとも八〇〇人が負傷しました。

これらの暴動は、いずれも白人が黒人コミュニティに対して引き起こした人種虐殺《ぎゃくさつ》でした。他方で、黒人の米国人も暴動を起こしており、一九六〇年代の公民権運動の時期や、一九九二年のロサンゼルス暴動がその例です。歴史家**エリザベス・ヒントン**（Elizabeth Hinton）はこれを〈暴力的反乱（violent

タルサ人種虐殺（Tulsa race massacre）　米国南部オクラホマ州の都市タルサで起こった大規模な暴動とそれにともなう虐《ぎゃく》殺《さつ》事件で、「タルサ人種〈暴動《ぼうどう》〉（Tulsa race riot）」とよばれることも多い。事件から一〇〇年後の二〇二一年に開かれた追悼《ついとう》集会にジョー・バイデン大統領（当時）が現職大統領として初参列し、「これは暴動《ぼうどう》ではなく、虐《ぎゃく》殺《さつ》だった（...this was not a riot. This was a massacre）」と述《の》べた。

エリザベス・ヒントン（一九八三〜）　米国の歴史家。イェール大学およびイェール法科大学院の教授。専門はアフリカ系米国人研究、二〇世紀の米国における貧困と人種的不平等の歴史。

rebellion)〉とよんでいます。

米国の自警主義《じけいしゅぎ》(vigilantism)は、開拓地、とくに西部で拡《ひろ》がり、南部では南北戦争終結後も一世紀にわたってつづきました。

地域によっては、当局がときにこの暴力を公認し、さらには加担《かたん》することもあり、また白人至上《しじょう》主義を維持するための暴力に対しては、例外なく見て見ぬふりをしました。

一八八二年から一九六八年のあいだに米国では四七三三人がリンチされましたが、その大部分が黒人でした(写真4)。しかし、リンチの被害者全員が黒人というわけではなく、約三分の一は「白人」と見なされる人びとで、当時のことばで「黒人びいき《ニガー・ラヴァー》」と軽蔑《けいべつ》されたイタリア人やメキシコ人などが含《ふく》まれていました。

必ずしもすべてのケースでいえるわけではありませんが、暴徒による大量殺人やリンチの場合、被害者はいわば「二度殺される」ことが多いです。リンチされたうえに、遺体《いたい》は切り刻《きざ》まれ、手近なもので殴《なぐ》られ、焼かれ、バラバラにされるのです。

4. 1920年8月3日、テキサス州センターという小さな町で10代の少年ライジ・ダニエルズがリンチされた事件 Public Domain

こうした残虐行為《ざんぎゃくこうい》は、被害者をさらに辱《はずかし》め、彼らを特定不能にし、人間以下の存在として扱《あつか》うためのものでしたが、同時にほかの住民への警告でもありました。

アメリカ大陸におけるギャングの暴力

集団的暴力の最近の要因として挙《あ》げられるのが、ギャングによる組織犯罪です。中米では「**マラス**」、ナイロビ〔アフリカ東部ケニアの首都〕のスラム街では「ムンギムキ」、ロサンゼルスでは地域の一部を支配する「エイティーン・ストリート・ギャング」、サルバドールでは「MS-13」など、各地でギャングが活動しています。

ギャングには、小規模なストリートギャングから、縄張《なわば》り争いをくり広げ、国境を越えた犯罪活動に関与する大規模な組織まで、さまざまなタイプがあります。ギャングに加わることを拒否したり、対立するギャングに属したり、ギャングからの要求に従《したが》わなかったり（たとえば家や農場といった財産を引きわたさないなど）すると、その報復《ほうふく》として人が殺されることがあります。

マラス　中米のギャング「マラス」に入っている若者の多くが、じつはごくふつうの青年。その多くが貧困や親の不在などの境遇《きょうぐう》にあることを伝える文献として『マラス 暴力に支配される少年たち』（第一四回開高健《かいこうたけし》ノンフィクション賞受賞作／集英社文庫）がある。

ラウル・ロドリゲス・ギレン メキシコのメトロポリタン自治大学社会学部教授。メキシコにおけるリンチ事件についての編著書（スペイン語）がある。

こうしたギャングは、虐殺《ぎゃくさつ》や大量殺戮《さつりく》、ジェノサイドの加害者と共通する特徴をもっています。それは、個々のメンバーが仲間からの集団圧力に屈《くっ》して殺人を犯《おか》すという点です。ギャングは、かつてルネサンス期〔一四世紀～一六世紀〕のイタリアや一九世紀のギリシャなど、ほかの時代や文化で男性が実践していた名誉《めいよ》の掟《おきて》をとりいれています。

メキシコの社会学者**ラウル・ロドリゲス・ギレン**（Raúl Rodríguez Guillén）によると、二〇一五年にメキシコで発生した公衆の場《ば》でのリンチ（写真5〔次ページ〕）は、過去四半世紀《しはんせいき》〔一世紀の四分の一つまり二五年間〕のどの時期よりも多く、少なくとも七八件に達しました。これは二〇一四年の二倍以上で、二〇一七年には六〇件。二〇一八年には一七四件のリンチ事件が発生し、そのうち五八件で犠牲者が出ました。

リンチがすべて麻薬カルテルによるもの、というわけではありません。なかには、犯罪の容疑者に対して暴徒化した群集が「正義」を執行《しっこう》するケースもあります。

5. 2012年5月4日、メキシコのヌエボ・ラレドで橋から吊《つ》るされて発見されたロス・セタス麻薬カルテルの容疑者たち Str/EPA/Shutterstock

中米におけるリンチについての解釈はいくつかあり、文化の側面や強固な市民社会の不在といった包括的《ほうかつてき》視点からの説明もありますが、ここでは二つの見方を紹介します。

ひとつは、リンチを、多くの人びとが共有する絶望感や無力感から生じた暴徒行動の結果と見るものです。たとえば、メキシコでは殺人事件の九八%が未解決であり、いくつかの地域では国家機能が事実上停止しています。

推計によれば、メキシコでは犯罪のわずか一二%しか報告されていません。そのおもな理由は、正義が実現されると信じられていないからです。

もうひとつの見方は、その正反対で、リンチを国家の不在ではなく、正統性を欠きながらも干渉的《かんしょうてき》な国家に対するコミュニティの反応と見るものです。

この考え方によれば、リンチは地方公務員がおこなう超法規的な暴力の残《ざん》虐《ぎゃく》さを模倣《もほう》したものです。実際のところは、これら二つの解釈の組み合わさっている可能性が高いと考えられます。

集団的暴力の研究者が長年悩《なや》まされてきた二つの疑問があります。

ひとつは、時代の変遷《へんせん》とともに暴力のレベルや形態が変化する原因はなにかということ。

そして、もうひとつは、なぜ集団的暴力にかかわる者たちは〈平和的な社会的相互《そうご》作用〉と〈暴力的な社会的相互《そうご》作用〉のあいだを行き来するのかということです。

今まで見てきたように、これらの疑問に対する答えは、検討する集団的暴力の形態によって変わります。

たしかに、世界じゅうで生存に関連する不安は減少しており、これは食《しょく》糧《りょう》生産の近代化がもたらした恩恵のひとつと考えられます。

あるいはまた、平和的にはじまった社会運動が暴力化することもありますが、全体としては前世紀までよりも暴力的ではなくなっています。

とはいえ、例外もあります。

本稿執筆時点で**ミャンマーでは**二〇二一年二月一日のクーデター以降、抗議行動によって七〇〇人以上の民間人が死亡し、さらに数百人が負傷しています。

これまでわたしがしめしてきた簡単な概要《がいよう》からも、さまざまな形態の集団的暴力がしばしば相互《そうご》に関連していることが示唆《しさ》されますが、わたしたちはその関係をまだ充分に理解しているわけではありません。

ミャンマーでは… 二〇二四年五月一二日付のＮＨＫニュースで、ミャンマー国軍《こくぐん》による攻撃や弾圧《だんあつ》による民間人の死者が二〇二一年二月のクーデター以降の三年超《ちょう》で五〇〇〇人に達したことがミャンマーの人権団体の独自の集計で明らかにされたと報じられた。

Chapter

6

暴力と国家

マックス・ヴェーバー（一八六四～一九二〇）二〇世紀を代表するドイツの社会学者。「ウェーバー」とも表記する。一九二〇年に発表された主著『プロテスタンティズムの倫理《りんり》と資本主義の精神』は「プロ倫《りん》」という略語でよばれるほど広く読まれた。ほかに『職業としての学問』、『職業としての政治』、『経済と社会』などの著作がある。

この章のはじめに

ドイツの社会学者**マックス・ヴェーバー**（Max Weber）に影響を受けた歴史家のなかには、国家がより強大化し、より中央集権化し、より官僚システム化し、国家が暴力を独占するにつれて、対人暴力が減少したと主張する人びとがいます。いいかえれば、国家が司法を引き受け、みずからの責任で犯罪者を処罰《しょばつ》するようになったという捉《とら》え方です。暴力の行使は国家の役目となり、それによって一般市民のあいだでの暴力水準を低下させることができたというわけです。

この主張はひじょうに説得力があり一理《いちり》あるとも思いますが、これで暴力と国家の関係を完全に説明しきれるものではありません。また、この見解の前提には、暴力の削減《さくげん》が「上から」もたらされるべきであり、実際《じっさい》に身近に暴力がある人びとには、状況を変化させるような主体性がほとんどない、あるいは、まったくないという考えがあります。

このヴェーバー的な理論モデルには、暴力水準を管理するうえで、市民社会の役割は含《ふく》まれていないようです。

国家と暴力の関係性については、ほかに見落としてはいけない論点がいくつかあります。

まず、国家（ここでは、定《さだ》められた領土を統治する政府のもとで組織化された政治的共同体と定義します）は多くの場合、暴力のレベルを低下させますが、いつもそうだというわけではありません。

戦争や政治的粛清《しゅくせい》、国家が主導する大量虐殺《ぎゃくさつ》を思い出してみてください。国家は一九世紀と二〇世紀における暴力の〈唯一《ゆいいつ》の担《にな》い手《て》〉とはいわないまでも、〈重要な担《にな》い手《て》〉のひとつであり、国家が暴力を独占し、世界各地で国家主導《しゅどう》のジェノサイドがおこなわれました。

たとえば、アルメニア人虐殺《ぎゃくさつ》、ソ連の農業集団化政策による大飢饉《だいききん》（数百万人の死者を出した）、ホロコースト、そしてカンボジア大虐殺《だいぎゃくさつ》などが挙《あ》げられます。ナチスはホロコースト以外にも最大二〇万人の死者を出した安楽死《あんらくし》作戦をおこないました。

米国では、二〇世紀前半のことですが、**優生学**《ゆうせいがく》プログラムにより七万人以上の女性が強制的に不妊《ふにん》手術を受けさせられています。

そして、社会学者**マーク・クーニー**（Mark Cooney）の説によれば、国家の権力が増大し、一部の暴力の形態が減少する一方で、より「私的な」ものへと移行していった暴力形態があるといいます。つまり、暴力はたんに量的に変化しただけでなく、質的にも進化し、変化したというわけです。

本章では〈植民地主義〉〈国家が承認した暴力〉〈戦争における民間人への極度の暴力〉、そして〈テロリズム〉という四つのテーマに焦点をあてます。

こうした政治的暴力には、非合法な戦争行為《こうい》、民族浄化《じょうか》、内戦、テロリズ

優生学（eugenics）　進化論と遺《い》伝学《でんがく》の見地から人間集団の遺《い》伝的《でんてき》な質的向上を目的とした学問をベースにした社会運動で、一九世紀末から二〇世紀半《なか》ばにかけて多くの先進国で受け入れられてきた。

マーク・クーニー　米国ジョージア大学社会学教授。専門は犯罪学。とりわけ道徳的葛藤《かっとう》と暴力に関心が高く、テロリズム研究、コミュニティと殺人犯罪の関連など。一九九八年に暴力が発生する条件についての著作『戦士と平和の使者——いかにして第三者が暴力を形成するか』を出版。近著に『幾何学的な正義——米国における死刑』（スコット・フィリップスとの共著）がある。

ム、国家による弾圧《だんあつ》、革命、反革命など、さまざまな形態があります。国家主体《しゅたい》あるいは非《ひ》国家主体《しゅたい》を問わず、そして政治的、世俗的、宗教的な理由によっておこなわれる暴力も含《ふく》みます。また、暴力と戦争は相互《そうご》に関連していますが、異《こと》なる現象であるため、区別する必要があります。

戦争におけるレイプについては、すでに第五章で考えました。ここでは、虐殺《ぎゃくさつ》や残虐《ざんぎゃく》行為、人種の問題、より多くの人びと（戦闘員・非戦闘員を問わず）が殺害されうる技術的可能性の増大など、組織的な戦争に付随《ふずい》しがちな種類の暴力に限定して述《の》べたいと思います。

避《さ》けられない重複もあるでしょうが、そもそも暴力は明確に分類して整理できるものではありません。

植民地主義、人種、暴力

何世紀にもわたる植民地主義の長く複雑な歴史のなかで、暴力は、つねに中心的な位置を占《し》めてきました。

植民地における暴力は広範囲にわたり、ひじょうに多層的で多様でしたが、一般的な傾向としては、近代になってヨーロッパにおける対人暴力が減少するのとは対照的に、植民地における非ヨーロッパ人に対する暴力の水準は増大しました。

暴力は植民地特有のものではありませんが、植民地関係を支える社会的、法的、経済的、そしてジェンダー的な基盤に深く根づいていました。

植民地主義には、おおまかな区別として「搾取《さくしゅ》型」と「入植《にゅうしょく》型」があります。〈搾取《さくしゅ》植民地主義〉は、帝国本国の利益のために、植民地化された地域から主要な資源や労働力を収奪《しゅうだつ》するしくみで成立していました。英国領インド帝国がその例です。〈入植《にゅうしょく》植民地主義〉は、新しい領土として植民地を占有《せんゆう》し、本国から人びとを移住させ、同時に本国のために資源を搾取《さくしゅ》・収奪《しゅうだつ》するしくみです。かつてのオーストラリアやニュージーランドがこれにあたりますし、アフリカ大陸やアメリカ大陸のさまざまな地域もそうです。

このように、植民地主義は、現地の民族とその土地、文化、法を支配下におくことを本質的な特徴としていました。ヨーロッパ人は、植民地支配を「未開人」や「原始人」に文明と啓蒙《けいもう》をもたらす行為《こうい》だと正当化《せいとうか》していたのです。また、先住民が「無知」であるとして、日常的な暴力の使用も容認《ようにん》されていましたが、この点には人種的要因も関係しています。ヨーロッパ人はしばしば先住民を「害獣《がいじゅう》」のように見なしていたからです。

現地の人びとの反乱や抵抗は、多くの場合、残酷なやり方で抑圧《よくあつ》されました。たとえば、一八五七年の**インド大反乱**がその一例ですが、ヨーロッパやアメリカ大陸の植民地支配においても、反乱や騒擾《そうじょう》〔「擾」は乱れるの意　さわぎ乱れること〕に対して、さまざまな規模の懲罰的《ちょうばつてき》な軍事行動によって無慈悲《むじひ》に鎮圧《ちんあつ》をおこなった事例は数えきれないほどあります。

一九世紀後半から二〇世紀にかけて、ヨーロッパの植民地大国は、世界各地を支配するために数々の暴力的な戦略を用《もち》いました。帝国は先住民の支配を維持するために、**戒厳令**《かいげんれい》、準《じゅん》軍事的な警察活動、身体刑を徹底的に使用し、入植者は、植民地を開拓していくたびに、土地への侵入に反対する現地の人びとを虐殺《ぎゃくさつ》しました。

インド大反乱　いわゆる「セポイの乱」のこと。セポイは日本でのなまりで、より正確にはシパーヒー(sipahi)という。英国の東インド会社が編成したインド人傭兵《ようへい》のこと。

戒厳令（martial law）　戦時下や異常事態が発生した国で、憲《けん》法《ぽう》や法律の一部を一時的に停止・無効化して国家の三権《さんけん》（立《りっ》法《ぽう》権・行政《ぎょうせい》権・司法《しほう》権）の全部または一部を軍の指揮下に移《うつ》すことを宣言する命令。

先住民や現地の人びとも、ときに統制のとれていないかたちであれ、植民地主義者に抵抗しました。そして第二次世界大戦後には、ヨーロッパ列強に対する独立戦争（あるいは脱《だつ》植民地戦争）において、植民地化された人びとがアフリカやアジアの各地で民族運動として支配者に反乱を起こしました。

しかし、植民地大国が現地の人びとに対しておこなった暴力の大部分は記録に残されていません。たとえば、辺境での小競《こぜ》り合《あ》いや小規模な衝突《しょうとつ》、虐殺《ぎゃくさつ》などは、しばしば見すごされるか、たんに報告されなかったため、こうした出来事《できごと》が現地の人びととのあいだに起きている戦争の一部と考えられることはありませんでした。

じっさい、ヨーロッパや米国の植民地領内で起きた衝突《しょうとつ》の件数を把握《はあく》しようとした試《こころ》みはほとんどありません。

ヴィクトリア女王の治世《ちせい》（一八三七年から一九〇一年）において、大英帝国内で発生した武力衝突《しょうとつ》は少なくとも二二八件が記録されていますが、この数字は植民地の辺境で発生した小規模な戦闘やゲリラ戦の件数をひじょうに過小評価しています。たとえば、同じ時代にオーストラリアの辺境だけでも、何百もの小競《こぜ》り合《あ》いがおこなわれた可能性があり、それらにしても間接的に記録されているものがいくつかある程度で、ほとんどがまったく記録されていませんでした。殺人を犯《おか》した入植者たちのあいだで、こうした「沈黙の掟《おきて》」が守られていた歴史があるのです。

たとえば、一八四〇年代のオーストラリア、ヴィクトリア州について書かれた『未開地の生活』という本のなかで、開拓者の**ヘンリー・メイリック**(Henry Meyrick) はアボリジニの人びとがいかに狩猟の獲物《えもの》のように殺されていたかを記しています。男性、女性、子どもを問わず、「見つかりしだい撃《う》たれるのです。わたしは、これまでいたあらゆる開拓地で、こうした行為《こうい》をきわめて強く非難してきました。しかし、これはひじょうに秘密裏《り》におこなわれているのです。もし秘密をもらせば仲間にリンチで殺されるでしょう。」

この「沈黙の掟《おきて》」はオーストラリア特有のものではなく、北米や南アフリカでの入植者による暴力においても同じようにはたら働《はたら》いていました。このように入植者社会にはいくつかの共通する特徴があるようです。

ヘンリー・メイリック　英国生まれの開拓者。オーストラリアのヴィクトリア州ギプスランドに入植した。下の引用は、本国の家族(もしくは親戚《しんせき》)にあてた一八四六年の手紙の一節。

第一に、入植者社会が先住民と遭遇《そうぐう》する場所ではどこでも殺害や虐殺《ぎゃくさつ》が発生しました。北アフリカ、より具体的にはアルジェリアでは、フランス軍がラジア（razzia）という迅速《じんそく》で残虐《ざんぎゃく》な襲撃《しゅうげき》をおこない、アルジェリア人共同体のあらゆる抵抗を抑《おさ》えこみました。一九世紀の征服戦争におけるアルジェリア人の死亡数は不明ですが、一説では当時の推定人口三〇〇万人のうち五〇万人から一〇〇万人が亡《な》くなったとされます。

第二に、一九世紀をつうじてヨーロッパの帝国それぞれの領土的野心が強まるにつれて、植民地支配における制裁や虐殺《ぎゃくさつ》がひんぱんにおこなわれました。

第三に、植民地での暴力は本国の監視から隠《かく》れておこなわれる小さい規模のものが多かったのですが、ときには驚くほど大規模なレベルに発展するものもあり、それが植民地政府によって公然と、あるいは暗黙《あんもく》のうちに容認《ようにん》されることもあれば、あとになって非難されることもありました。

一九一九年の**アムリットサル**（ジャリヤーンワーラー・バーグ）**虐殺《ぎゃくさつ》事件**がその一例です。この事件では、英国領インド軍が平和的な抗議集会の参加者

アムリットサル虐殺事件　アムリットサルは現在のインド北部、第二次世界大戦後にインドとパキスタン両国によって分割統治された〈パンジャブ地方〉（七〇ページ注参照）にある都市。一九一九年四月、英国当局による取《と》り締《し》まりを強化する法律の制定とインド独立運動家の逮捕《たいほ》に抗議する集会をしていた民衆に、英国インド軍が発砲《はっぽう》。多くの死傷者が出た。事件の起きた街区名からとった「ジャリヤーンワーラー・バーグ虐殺《ぎゃくさつ》」(Jallianwala Bagh massacre)ともよばれる。

に発砲《はっぽう》し、死傷者はおよそ一〇〇〇人から一五〇〇人にのぼるとされています。

「先住民の排除《はいじょ》」のために入植者によって用《もち》いられた主要な暴力形態として、虐殺《ぎゃくさつ》や武力行使、強制排除《はいじょ》、そして抵抗の抑圧《よくあつ》があるのはたしかです。

しかし、**パトリック・ウルフ**(Patrick Wolfe)がいみじくも指摘《してき》しているように、入植者の戦略は、こうした物理的な暴力によるものだけではありません。ヨーロッパの帝国は、制度的な暴力や文化的強制など、先住民社会を「解体」するための幅広《はばひろ》い政策をつうじて先住民を統制しようとしました。

こうした強制的な戦略のひとつに混血を公式に奨励《しょうれい》する政策がありました。これは、植民地政府が混血によって先住民の血統が消滅すると信じていたためです。また、宗教の改宗《かいしゅう》プログラムや、先住民の子どもたちを家族から引き離して宣教所《せんきょうじょ》や訓練学校に入れる制度、さらに現地言語の禁止もおこなわれました。

これらの施策は先住民を植民地社会にとりこみ、同化させ、最終的に「白人化《はくじんか》」することを目的としていました。そして、植民地国家はほかにもさま

パトリック・ウルフ(一九四九〜二〇一六) 英国生まれ、オーストラリアの歴史研究者。専門は社会人類学、アボリジナル史。入植者と植民地に関する研究やジェノサイド、先住民などの研究で先駆的《せんくてき》な貢献《こうけん》をした。主著に『入植者による植民地主義と人類学の変容《へんよう》』、『歴史の痕跡《こんせき》――人種の基本構造』、編著に『入植者コンプレックス――植民地研究における二元論《にげんろん》の回復』がある。

ざまな暴力的戦略を用《もち》いて構築《こうちく》・管理されており、ここではそのうちの四つを紹介します。

ひとつめは、通常の法的手段では収《おさ》められないような混乱した辺境では、植民地総督《そうとく》が戒厳令《かいげんれい》を布告し、英仏帝国全体にわたって秩序《ちつじょ》の回復が図《はか》られました。一九世紀半《なか》ば以降、植民地に自治政府が設立されると、戒厳令《かいげんれい》は反乱の抑圧《よくあつ》、先住民の統制、入植者の要求抑制《よくせい》といった厳《きび》しい役割をさらに担《にな》うようになりました。たとえば、一八六五年、ジャマイカの総督《そうとく》**エドワード・ジョン・エア**（Edward John Eyre）はモラント湾《わん》の反乱〔ジャマイカ事件〕に戒厳令《かいげんれい》を発し、四三九人の先住民の反乱者を殺害しました。この事件は英本国のリベラル派を激怒させ、三度にわたってエアを殺人罪で裁《さば》こうとしましたが、結局彼は無罪となりました。

二つめは、準《じゅん》軍事的な警察部隊、とくに現地人部隊の利用によって通常の警察活動では手がとどかない抵抗的な先住民に支配をおよぼすことができるようになりました。

こうした準《じゅん》軍事警察の構成は植民地ごとに異《こと》なるものの、帝国の経済

エドワード・ジョン・エア（一八一五～一九〇一）英国の探検家、植民地監督官、牧畜業者。オーストラリア大陸を探検し、後年はジャマイカなどの植民地総督をつとめた。

的・政治的目標を支え、保護するという基本的な役割は、どの植民地でも共通していました。歴史家**リチャード・プライス**（Richard Price）が指摘《してき》するように、植民地警察の戦略には「穏《おだ》やかな支配」から「露骨《ろこつ》な強制」まで幅《はば》があったものの、その目的はつねに植民地を支配する帝国の法を執行《しっこう》することにありました。

三つめに、先住民に対する鞭打《むちう》ちなどの身体刑は、一九世紀に人道的改革がすすんで帝国本国では減少しても、依然《いぜん》として多くの植民地社会では当たり前のものでした。

たとえば南アフリカでは、一九一一年から一九一四年のあいだだけでも約四〇〇〇人の男性が打撲《だぼく》や鞭打《むちう》ちの刑に処されました。こうした処罰で死者が出ることもあり、本国では道徳的な反発が起きましたが、労働者を自分たちの意《い》に従《したが》わせる権利があると信じる入植者の行動にはほとんど影響がありませんでした。

さらに、身体刑は極端なかたちをとることもありました。たとえば、ベルギー王**レオポルド二世**（Leopold II）が植民地化したコンゴでは、私的暴力と

リチャード・プライス　米国メリーランド大学カレッジパーク校歴史学部教授。近著『帝国の樹立——一九世紀アフリカにおける植民地との遭遇《そうぐう》と帝国統治の創設』を出版し、北米英国研究会議から一七五〇年以降の英国史の最優秀書籍《しょせき》賞を受賞。

レオポルド二世（一八三五〜一九〇九）一八六五年、父王の初代ベルギー国王レオポルド一世の崩《ほう》御《ぎょ》にともない即位《そくい》。ほかの列強《れっきょう》国《こく》が未着手《みちゃくしゅ》だったアフリカ中央部のコンゴに目をつけ、コンゴを私有地化《しゆうちか》（国とは名ばかりの「コンゴ自由国《じゆうこく》」と称《しょう》した）。一九〇八年にベルギー国家の植民地に移管《いかん》されるまで私的に支配した。

国家公認の暴力の区別が曖昧《あいまい》で、ゴムの生産目標を達成できなかった労働者に対して手足の切断がおこなわれ、幼《おさな》い子どももその対象とされました。

一八八〇年から一九二〇年にかけてコンゴでは殺害のほか、過酷《かこく》な労働や飢餓《きが》で命を落とした人びとが約一〇〇〇万人にものぼるとされています。

コンゴ全体がレオポルド二世の私有財産という大きな構造のなかで、実際《じっさい》にこうした暴力をおこなっていたのは、政府当局のお墨付《すみつ》きを得た現地の入植者だったのです。

身体刑などによって恐怖を植《う》えつける考えは、厳《きび》しい罰《ばつ》が改革に不可欠であり、犯罪行動を矯正《きょうせい》するには一定の苦痛が必要だとする信念と一致していました。こうした「教訓的な恐怖」、つまり先住民に「正《ただ》しい行動」をとらせるための暴力といった考えが、帝国の権威を得た入植者の暴力を正当化《せいとうか》していたのです。支配と「文明化」の過程での必須《ひっす》の要素として強制的行動が認められていたというわけです。

こうして一九世紀末から二〇世紀初頭にかけて、暴力は征服のために広く用《もち》いられる手段となりました。そのため学者たちは植民地主義と先住民の抹《まっ》殺《さつ》を関連したものと考えるようになりました。この視点から、植民地主義に内在する「ジェノサイド的」な性質と、ナチスによるホロコーストとの関連性についても論争が生まれています。

最後の四つめに、食糧《しょくりょう》不足による飢餓《きが》も、現地住民を統制するための戦術として用《もち》いられました。一八七六年から一八七八年にかけて、一八九六年から一八九七年にかけて、そして一八九九年から一九〇二年にかけて、インドや中国、朝鮮、ベトナム、フィリピン、ブラジルなどの地域で飢饉《ききん》が発生しました。こうした地域では、植民地当局が最低限の食事しか支給しなかったため、三二〇〇万人から六一〇〇万人が命を落としました。

たとえば、一八九〇年代のタンザニア南部では、ドイツ軍が畑や穀倉《こくそう》を組織的に破壊しました。

このように飢餓《きが》を戦術として利用する背景には、「人口はつねに食糧《しょくりょう》供給を上回る」という**マルサス主義**に影響を受け、人口を抑制《よくせい》する経済政策の必要があるという考えがあったという歴史家もいます。

飢餓《きが》という戦略はヨーロッパにも逆輸入され、第一次世界大戦中に連合国

マルサス主義　英国の経済学者マルサス（Thomas Robert Malthus 一七六六〜一八三四）が主著『人口論《じんこうろん》』（一七九八年初版）でとなえた、爆発的《ばくはつてき》な人口増加についての考え（これを「マルサスの罠《わな》 Malthusian trap」または「人口の落とし穴 Population trap」という）、およびそこから打ち出される経済政策のこと。

がドイツに対して封鎖をおこない、ドイツ国民を飢餓《きが》に追いこみました。

このドイツ封鎖は戦闘が終わってもつづき、講和条約に調印させる圧力として機能しました。その結果、一九一八年には少なくとも四〇万人のドイツ人が飢《う》えで死亡したとされます。また、ソ連や中国の共産主義国家も、一部の国民を制圧・排除《はいじょ》する手段として飢餓《きが》を利用し、甚大《じんだい》な犠牲を引き起こしました。

強制収容所

このことは、植民地主義と強制収容所の関連についての議論につながります。結局のところ、強制収容所はヨーロッパで生まれたのではなく、ヨーロッパの列強が植民地で現地住民を強制収容するなかで誕生したのです。

近代的な強制収容所の前身は、一九世紀に北米やオーストラリアで先住民に対して国が運営していた収容所にあったといえるでしょう。

こうした原型的な収容所の環境は現代の強制収容所と似ており、病気、栄養失調、風雨への露出《ろしゅつ》、不衛生な環境が高い死亡率をもたらしました。政府はしばしば、先住民が死ぬことを期待して、意図的《いとてき》に支援をさしひかえたり、管理の不備を放置したりしました。

一九世紀末の植民地戦争において、わたしたちが現代的なものとして理解するような収容所が出現しました。現地住民が反植民地運動やゲリラ運動を支援しないよう、彼らを意図的《いとてき》に隔離《かくり》する戦術が採用されたのです。

これは、キューバ独立戦争（一八九五～一八九八年）でスペインが、フィリピン戦争（一八九九～一九〇二年）で米国が、ボーア戦争（一八九九～一九〇二年）で英国が広範《こうはん》に使用した、もともとは農業用の製品である有刺鉄線《ゆうしてっせん》を使って敷地を囲《かこ》うという、**アフリカ南西部**（一九〇四～一九〇八年）でドイツが採用した戦術です。いずれの場合も、何万人もの民間人が病気や栄養失調で命を落としました。

こうした時代背景を考えると、ヨーロッパの列強が互《たが》いに学んでいたのか、それとも収容所に特有の慣行（拷問《ごうもん》、強制労働、飢餓《きが》）が同時期に異《こと》なる地域で独自に生まれたのかを問う意義があります。

この疑問に答えるのは困難です。

アフリカ南西部　一八八四年から一九一五年までドイツ領（ドイツ帝国の植民地）だったアフリカ南西部（現在はナミビア共和国）において一九〇四年は、ドイツ支配に反抗する先住民による暴動のうち最大のもの（「ヘレロ反乱」とよばれている）があった年で、この年から一九〇八年にかけて、砂漠地帯へ追いやることによる渇《かわ》きや飢餓《きが》、あるいは井戸水に毒を入れるなど、さまざまな方法で先住民を殺した「ヘレロ・ナマクア虐殺《ぎゃくさつ》」がおこなわれた。ヘレロ（Herero）およびナマクア（複数形 Namaqua はかつてのいい方。現在は単数形 Nama を使って Nama people という）はともに先住民の部族名。

というのも、典型的な強制収容所というものが存在しないからです。

南アフリカにおける英国の「**コンセントレーションキャンプ**（concentration camp）」から、ソビエトの〈**グラーグ**（gulag）〉、占領下ヨーロッパにおけるドイツの〈**コンツェントラツィオーンスラガー**（Konzentrationslager）〉、第二次世界大戦中の米国における日系人の〈抑留《よくりゅう》（internment）〉まで、収容所の性質や目的はじつに多様です。これらはすべて「収容所」ですが、その目的はそれぞれ異《こと》なります。

収容所の利用は第一次世界大戦中に劇的《げきてき》に拡大しました。何百万人もの市民、つまり敵国出身の外国人や市民権を剝奪《はくだつ》された国民が収容され、同様に何百万人もの捕虜《ほりょ》も収容所に入れられました。

アルメニア人大虐殺《だいぎゃくさつ》〔多民族国家オスマントルコ領内で二〇世紀初頭に起こり、一〇〇万〜一五〇万人が犠牲になった〕の場合には、はじめて「死の収容所」が設立されました。

戦間期《せんかんき》のヨーロッパでは、「好《この》ましくない者」や「非社会的な者」（民族的または政治的な理由で）がほかの人びとから隔離《かくり》されるための収容所が建設されました。これは、**ヨーロッパの多民族帝国**が崩壊《ほうかい》し、新しい国民国家《こくみんこっか》を新

コンセントレーションキャンプ／グラーグ／コンツェントラツィオーンスラガー　日本語に訳せばみな「（強制）収容所」になる。

戦間期のヨーロッパ（inter-war years in Europe）　第一次世界大戦が終結した一九一九年から第二次世界大戦が勃発《ぼっぱつ》する一九三九年までの期間を「戦間期《せんかんき》」といい、この期間にヨーロッパはナチスの台頭をゆるすことになった。

ヨーロッパの多民族帝国　首都ウィーンを中心に繁栄《はんえい》したオーストリア＝ハンガリー帝国がその典型。この帝国は第一次世界大戦の最終盤（一九一八年）、チェコスロバキアやポーランドなどが分離独立することで崩壊した。

たなイデオロギーにもとづいた社会によって築《きず》こうとしていた時期に生じた現象です。

ソビエト連邦のグラーグ（強制労働収容所）はこの種の収容所の代表例とされ、ナチスの強制収容所システムのモデルとなった可能性があります。

ソビエト・ロシアに関して確定的な数値は存在しませんが、刑務所、労働収容所、労働コロニー、特別居住区といった複雑な収容システムが発展していたことをしめす記録的な証拠《しょうこ》があります。一九三〇年から一九五三年のあいだに、約一八〇〇万人が数百の労働収容所やコロニーに収容され、そのうち推定一六〇万人が収容所内で死亡したとされています。また、収容所から解放されたのちも健康状態が悪く、結果として数百万人がその後死亡した可能性があります。さらに、一九二一年から一九五三年にかけて、さまざまな粛清《しゅくせい》により約八〇万人が処刑されました。

米国の**ホロコースト記念博物館**の研究者たちは最近、一九三三年〔この年、ヒトラーがドイツ首相に就任〕から一九四五年〔この年、ドイツが無条件降伏し、ヨーロッパにおいて第二次世界大戦終結〕のあいだにナチスが建設し

ホロコースト記念博物館　米国ワシントンDCに所在。一九七二年、当時のカーター大統領のよびかけにより設立が決定し、一九九三年四月に開館した。

たゲットー（ghetto）と強制収容所の数は四万二五〇〇か所になると記録しました。これは従来の推定をはるかに上回る数です。

ナチスは一九四一年末から死の収容所（ヘウムノ、ベウジェツ、ソビボル、トレブリンカ、マイダネク、アウシュヴィッツ＝ビルケナウ〔いずれもポーランドの地名〕）を設立しましたが、ナチスのイデオロギーにおいて、民族的に「望ましくない」とされた収容者は奴隷《どれい》労働の供給源と見なされることはありませんでした。

彼らは労働力として利用されはしましたが、その目的は戦争のために彼らの命を維持することではなく、収容者を死ぬまで働かせることにありました。彼らの命は戦争経済の一部というよりも、「消耗《しょうもう》される」べき存在と見なされていたのです。

スペインや英国の植民地政策が結果的に死をもたらしたのに対し、ナチスは計画的にユダヤ人やスラブ人を飢餓《きが》状態に追いこむ食糧《しょくりょう》制限によって餓《が》死《し》させるつもりでした〔強調訳者〕。ドイツの収容所では、三〇〇万人以上のソ連人捕虜《ほりょ》がおもに飢《う》えと病気で命を落としました。

また、ソ連の捕虜《ほりょ》収容下では、一〇〇万人以上のドイツ人捕虜《ほりょ》が死亡したと推定されており、これはソ連に拘束《こうそく》されたドイツ人捕虜《ほりょ》の約三分の一に相当します。

第二次世界大戦後も、収容所の使用はつづきました。たとえば、アルジェリア、**マラヤ**、ケニアのように、植民地支配を受けた人びとが独立を求めて戦っていた国々において使用されました。また、スペインやアルゼンチンなどの独裁政権は、政敵を隔離《かくり》する手段として収容所を利用しました。

さらに、共産主義国家として新たに形成された多くの国々でも収容所が存在しました。

中国や北朝鮮には、今日《こんにち》にいたるまでつづく強制収容所制度があり、これらの収容所は、個人を「再教育」し、社会全体を再編成する手段としてだけでなく、強制労働を組みこんだ経済の一部としても機能しています。

このように収容所にはさまざまな目的がありますが、それがしめすのは、近代国家が権力を強化し維持するために、数百万におよぶ自国民を収容し、

マラヤ　かつての「マラヤ連邦」のこと。現在のマレーシアとシンガポールにあたる地域で、当初は「マラヤ連合」として英国の直轄《ちょっかつ》支配下にあったが、第二次世界大戦後の一九五七年に英連邦《えいれんぽう》のひとつとして独立。一九六三年に「マレーシア連邦《れんぽう》」となり、その二年後の一九六五年に「シンガポール」がマレーシアから分離独立した。

場合によっては殺し、あるいは死にいたらせる、そうしたことも厭《いと》わないという現実です。

そして、収容所で多くの人が命を落とした一方で、ヨーロッパの「殺戮《さつりく》の場」（オスマントルコ、ドイツ、ロシアの各地）でも、ライフル銃や機関銃の銃火、さらには飢餓《きが》によって何百万人もの人びとが殺されていったのです。

ジェノサイド

ジェノサイドは歴史をつうじてつねに存在してきましたが、それがおこなわれる前には必ず、対象を非人間化するプロセスがともないます。アメリカ先住民、ヘレロ族、アルメニア人、ユダヤ人、ツチ人のいずれであっても、加害者たちは彼らを「シラミ」や「ゴキブリ」、「害虫」と見なし、駆除《くじょ》すべき存在としてあつかうように仕向けてきたのです。

しかし、現代のジェノサイドは、たんに民族や宗教の対立にとどまらず、国家の本質や国家と市民の関係にかかわる根本的な問題を提起しています。

近代における大規模な暴力行為《こうい》は、第一次世界大戦前においても、おもに宗教的・民族的な問題をめぐって発生していましたが、多くの国家が「国民的」アイデンティティを採用しはじめると、それに合わない、あるいは「敵」と見なされた人びとを排除《はいじょ》する傾向が強まりました。

この傾向は第一次世界大戦後にもつづき、民族の大規模な再編成や国境の引きなおしがすすむなかで、各国は新たな国家や民族のアイデンティティを国境地帯の人びとに強制しました。

このような再編成の最初の具体例は、一九一五年夏、オスマン帝国で**統一と進歩委員会**（CUP）がアルメニア人の追放と抹殺《まっさつ》を決定したときといえるでしょう。

次いで一九二九年にはスターリンが農地の集団化をはじめ、これは「クラーク」とよばれる富裕な農民階級に対する階級闘争に急速に発展しました。また、ヒトラーは中欧と東欧を再編しようとしましたが、一九四一年にソ連を打ち負かすことができなかったため、その計画は制限されることとなりました。

しかしナチスは、一九四一年六月のバルバロッサ作戦（ソ連侵攻《しんこう》）より前

統一と進歩委員会（Committee of Union and Progress）「オスマン・トルコ」こと「オスマン帝国」（Ottoman Empire）の最終盤に活動した政治組織で、一九〇八年以降、「青年トルコ人」とよばれる運動における中心的存在となった。第一次世界大戦勃発《ぼっぱつ》直前の一九一三年から大戦中の一九一八年まで政権を握《にぎ》った。

から、東ヨーロッパを大規模に植民地化し住民を再配置する計画を立てていました。これは「東方総合計画」(Generalplan Ost)として知られ、三〇〇〇万人から五〇〇〇万人を移住させ、その多くが死亡するだろうと見込《みこ》まれていました。

つまり、この計画には暗黙《あんもく》のうちにジェノサイドが含《ふく》まれていたのです。

そして、現実はさらに残酷《ざんこく》であり、一九三三年から一九四五年のあいだにナチスの収容所システムによって少なくとも一〇〇〇万人が命を奪《うば》われました。この数にはホロコーストの犠牲者も含《ふく》まれており、ジェノサイドの深刻さとその凄惨《せいさん》な規模をしめしています。

「ジェノサイド」ということばは、一九四四年にポーランド出身のユダヤ人弁護士、**ラファエル・レムキン**(Raphael Lemkin)によって生みだされました。彼は、ヨーロッパのユダヤ人に対する大量虐殺《ぎゃくさつ》を含《ふく》む、ナチスがおこなった国家的・民族的集団の組織的破壊を意図《いと》した政策を記録した本のなかでこのことばを使いました。

ラファエル・レムキン(一九〇〇〜一九五九) ヒトラーのドイツとスターリンのソビエトのあいだに挟《はさ》まれた母国のポーランドが第二次世界大戦の勃発《ぼっぱつ》とともに消滅する大混乱におちいるなか、スウェーデンを経由《けいゆ》して米国にのがれた。第二次世界大戦後は、その語学力を生かしてホロコーストの生存者として国連などに働きかけ、「ジェノサイド」ということばが国際法上のキーワードとなる活動を展開した。

レムキンは、「ジェノサイド」という語を、ギリシャ語の〈geno〉（人種、部族）と、ラテン語の〈cide〉（殺害）を組み合わせてつくりだしました。

また彼は、このことばが「古くからおこなわれてきた慣行が現代的なかたちで発展したもの」だと述《の》べています。

そして、ジェノサイドを、「民族集団の生活に不可欠な基盤を破壊するために調整された一連の行動計画であり、最終的にはその集団じたいを消滅させることを目的とするもの」と定義しました。

この定義は、たんなる殺戮《さつりく》にとどまらず、民族集団そのものを根絶《こんぜつ》するために、その生活の基盤や文化などを一貫《いっかん》して破壊する行動をさしています。

一九四八年、ホロコーストの影響のもとでレムキンの尽力《じんりょく》もあって国際連合は「集団殺害罪の防止及《およ》び処罰に関する条約（Convention on the Prevention and Punishment of the Crime of Genocide)」を承認しました。この条約により「ジェノサイド」は国際犯罪として位置づけられ、加盟国は「防止し、処罰する義務を負《お》う」とされました。条約はジェノサイドを以下の行為《こうい》として定義しています。

(a)集団構成員を殺すこと
(b)集団構成員に対して重大な肉体的または精神的な危害を加えること
(c)全部または一部に〔傍点訳者。原文はin whole or in part（次ページで言及）〕肉体の破壊をもたらすために意図《いと》された生活条件を集団に対して故意《こい》に課すること
(d)集団内における子どもの出生を防止することを意図《いと》した措置《そち》を課すること
(e)集団の子どもをほかの集団に強制的に移すこと

この条約により、ジェノサイドはたんなる大量殺人ではなく、集団そのものの消滅を意図《いと》した行為《こうい》として定義され、殺害に加えて生活基盤《きばん》の破壊、出産制限、子どもの強制移住といった多岐にわたる行動が含《ふく》まれていることが明確にしめされています。

国連によるジェノサイドの定義は、まさにその時代背景、つまり冷戦政治の影響を受けて形成・修正されたものです。連合国側は、空爆による大量殺《さつ》戮《りく》など、自分たちにジェノサイドの非難が向けられるおそれがある行為《こうい》を除

外しました。また、ソビエト連邦も、集団化や大量追放、スターリン主義下の粛清《しゅくせい》など、自国の体制に関連する悪名《あくみょう》高い犯罪がジェノサイドに含《ふく》まれないようにしました。その結果、社会的および政治的な集団への行為《こうい》はジェノサイドの定義から除外されることになりました。さらに、国連の定義は曖昧《あいまい》であり、とくに「一部に（in part）」という表現〔前ページの箇条書き(c)の傍点部〕が加えられたことで、解釈がいっそう曖昧《あいまい》になっています。

これを受けて、学者たちはこの定義をより明確にする試《こころ》みを重ねています。現在では、ジェノサイドに関する概念《がいねん》がさらに細分化されており、

「民族浄化《じょうか》（ethnic cleansing）」……迫害《はくがい》や殺戮《さつりく》による特定の民族の排除《はいじょ》

「ポリティサイド（politicide）」……政治的集団に対する殺戮《さつりく》

「デモサイド（democide）」……一般市民に対する殺戮《さつりく》

「ジェンダーサイド（gendercide）」……特定の性別に対する殺戮《さつりく》

「エスノサイド（ethnocide）」……民族文化の破壊

「ジェノサイド的虐殺《ぎゃくさつ》（genocidal massacre）」……ジェノサイドに近い殺戮《さつりく》

などの用語が用《もち》いられています。これらの用語は、それぞれ異《こと》なる形態の

大量殺戮《さつりく》をさすものですが、いずれも「ジェノサイド」という包括的《ほうかつてき》な概念《がいねん》に属するものとして扱《あつか》われています。

ジェノサイドの定義に関する重要な論点のひとつに、「意図《いと》」の問題があります。国連の定義では、ジェノサイドは計画的で意図的《いとてき》におこなわれるものとされていますが、ジェノサイド研究者のなかには、間接的な殺害や破壊行為《こうい》も含《ふく》めるべきだとして、より幅広《はばひろ》い定義を主張する人もいます。

このような広範《こうはん》な定義が適用される典型的な例が、入植者による植民地支配の世界に見られます。

先住民の生活環境が破壊され、ヨーロッパからもちこまれた伝染病が広がったうえ、現地住民が直接的に殺害されることによって、先住民の人口が劇的《げきてき》に減少しました。

この観点からすれば、「結果がジェノサイドのように見えるのであれば、それはジェノサイドである」という論理が成り立つのです。

この立場では、ジェノサイドとは意図的《いとてき》な行為《こうい》に限らず、結果として集団

ジグムント・バウマン（一九二五〜二〇一七）　ポーランド出身の社会学者。英国リーズ大学およびワルシャワ大学の名誉《めいよ》教授。著書多数。主著とされる『近代とホロコースト』のほか、『社会学の考え方』、『コミュニティ——安全と自由の戦場』（いずれも、ちくま学芸文庫）など邦訳書《ほうやくしょ》も多数ある。

の存続が危機にさらされるような行為《こうい》も含《ふく》まれるべきだとされています。

ジェノサイドとはなにか、という問いとは別に、ジェノサイドがどのようにして可能になるのか、という問いもあります。

ポーランド生まれの社会学者で哲学者の**ジグムント・バウマン**（Zygmunt Bauman）は、ホロコーストが近代、とくに啓蒙主義《けいもうしゅぎ》の直接的な結果であると主張しました。

彼によれば、全体主義は極端に推《お》し進められた合理主義の産物であり、ホロコーストは近代西洋文明に深く根づいているものであるとされます。

さらにバウマンは、ジェノサイドが起こるにはいくつかの条件が必要であると述《の》べています。

まず、それは強力で、技術的かつ官僚的に効率的な国家が推進するものでなければならず、合理的な排除《はいじょ》の過程の一部である必要があるとしています。

加えて、新しい世界を築くための計画と、それを正当化《せいとうか》するイデオロギーが求められるとも指摘《してき》しています。

そして、ひとたび大規模な政治的暴力が解き放たれると、それは独自の力《りき》

マイケル・マン（一九四二〜）英国マンチェスター生まれの比較《ひかく》歴史社会学者。カリフォルニア大学ロサンゼルス校（UCLA）およびケンブリッジ大学の名誉《めいよ》教授。近著に『戦争について』。邦《ほう》訳書《やくしょ》に『ソーシャルパワー：社会的な〈力〉の世界歴史（全三巻）』『論理なき帝国』（ともにNTT出版）がある。

学《がく》をもち、止めることがほぼ不可能になると強調しています。

一方、社会学者の**マイケル・マン**（Michael Mann）は、ジェノサイドは「地政学的な不安定性」と「競合するイデオロギー的プロジェクト」の状況で発生すると考えています。マンによれば、ジェノサイドはおもに民族間の権力闘争が引き金となるものであり、旧帝国やその植民地において、民主化が進む国家が民族的に多様な集団を殺害・追放することで、国家が均質化されていくと述《の》べています。

バウマンとマンの両者に共通するのは、ジェノサイドが近代の産物であり、広範《こうはん》な支持基盤《きばん》をもつイデオロギー（人種、宗教、階級など）が必要だと考えている点です。

また、両者は、ジェノサイドには大規模な殺戮《さつりく》を実行するための技術的な能力も不可欠であるとしています。

しかし、歴史上の多くのジェノサイドは、バウマンが挙《あ》げた条件を満たしていません。たとえば、ルワンダでは一〇〇日間に約六〇万から八〇万人、すなわちツチ人の人口の約七五%が殺害されましたが、この虐殺《ぎゃくさつ》に高度な技術は必要ありませんでした。ツチ人の虐殺《ぎゃくさつ》は、個人それぞれが対面でおこなったジェノサイドであり、驚くほど容易に遂行《すいこう》されたことに、わたしたちは困惑させられます。

同様のことは、第二次世界大戦中に東部戦線で活動した、アインザッツグルッペン（Einsatzgruppen）〔直訳は「展開集団」だが、「行動部隊」「特別任務部隊」といった意訳もされる〕や**秩序《ちつじょ》警察**にもあてはまります。彼らはおもに通常の手段によって二〇〇万人以上を殺害しました。

さらに、カンボジアでは、殺害の大部分が機関銃や拳銃《けんじゅう》、小銃を使った、やはり直接的な方法によるものでした。

これらの例は、バウマンが主張する「技術的に高度でイデオロギーにもとづいたジェノサイド」とは異《こと》なるものです。

また、近代以前にも、宗教や民族を基盤《きばん》におこなわれたジェノサイドが数多く存在しました。たとえば、一二世紀フランスでのカタリ派（異端《いたん》とされたキリスト教徒の一派）に対する殺害がありました。

さらにいえば、一六世紀初頭のカリブ海地域で先住民が絶滅に追いやられたことは、ジェノサイドとよばずに、なんとよぶべきでしょうか。

秩序警察（ドイツ語では Ordnungs-polizei／英語では order police）ナチ党政権下のドイツの警察組織で、いつも緑色の制服を着用していた。略称オルポ（Orpo）。

これらの事例は、ジェノサイドがなんであるか、そしてそれがどのような条件下で起こるのかを正確に定義することがいかにむずかしいかを浮《う》き彫《ぼ》りにしています。

戦争における殺戮と集団残虐行為の理由

ここで重要なのは、共同体や国家から個人が殺人行為《こうい》を求められたとき、その個人が殺人を実行できるということです。

わたしたちは、このような大規模な殺人行為《こうい》に人びとがすすんでかかわる意志を、どのように理解すればよいのでしょうか。

社会科学者や社会心理学者たちは、とくに大量殺人やジェノサイドに関して、表面的には強制されていないように見える人びとがなぜそのような行為《こうい》に加わるのかについて、多くの研究をおこなってきました。

「加害者研究」として知られるこの分野は、現在発展を遂《と》げており、大きく三つの理論枠組《わくぐ》みに分けることができます。

その三つとは、〈構造的〉な理論、〈意図《いと》的〉な理論、そして〈状況的〉な理論です。

まず〈構造的〉理論では、殺人行為《こうい》を組織化する官僚機構の役割が強調されます。この枠組《わくぐ》みのなかでは、個々の加害者は従属的な役割を担《にな》う存在としてあつかわれます。たとえば、ホロコーストの場合、ユダヤ人の抹殺《まっさつ》は「管理上の問題」としてあつかわれ、行政手続きの一環として処理されました。こうした過程によって、道徳的な懸念《けねん》は無効化され、殺人は官僚的なプロセスの一部として非個人的な行為《こうい》になります。

ただ、このアプローチにはひとつ問題があります。それは、官僚が完全に心理的な距離をおいており、決定があたかも個人の選択とは無縁なものであると仮定している点です。しかし、はたしてこれがほんとうにそうなのかはまだ定《さだ》かではなく、殺人がどのように官僚機構内ですすめられるのか、その具体的なメカニズムについてはさらなる研究が求められています。

〈意図《いと》的・文化的〉な理論は、構造的な理論とはまったく逆で、個人が大量殺人に加担するさいの「選択」に焦点をあてています。多くの加害者は、強制されることなく、むしろある種の熱意をもって関与することが多いのです。

しかし、それだけでは説明が不充分です。

哲学者**トマス・ネーゲル**（Thomas Nagel）は次のように述《の》べています。

「わたしたちの行動は、直面する機会や選択肢に大きく影響され、それらは多くの場合、わたしたち自身の力ではどうにもできない要因によって左右されます。たとえば、もしナチスがドイツで権力を掌握《しょうあく》していなかったならば、ある強制収容所の将校は、静かで無害な人生を送っていたかもしれません。」

ネーゲルはさらに、ナチスの支配下におかれたドイツ人たちは、たんに「市民としての勇気」の試練に失敗しただけだと推測します。同じ状況下におかれれば、多くの人びとが同様にその試練に失敗する可能性が高いでしょう。

しかし、実際《じっさい》にはわたしたちの多くが、殺すか殺さないかという究極の選択を迫られる状況におかれることはありません。わたしたちがほんとうに理

トーマス・ネーゲル（一九三七〜）ベオグラード（ユーゴスラビア）生まれの米国の哲学者。専門は政治哲学、認識論など。邦訳書《ほうやくしょ》に『利他主義の可能性』、『コウモリであるとはどのようなことか』（ともに勁草書房《けいそうしょぼう》）がある。

解すべきなのは、なぜ人びとが殺人を犯《おか》すのかという問いだけでなく、なぜ一部の人がその命令に背《そむ》くことを選ぶのか、という点でもあるのです。

〈状況的〉理論とは、特定の環境におかれたとき人びとがどのように反応するかを検討することで、殺人にいたる個人の行動を理解しようとするものです。このアプローチの中心にあるのは「行動の同調」です。この文脈《ぶんみゃく》で社会科学者たちがよく引用するのが、**スタンレー・ミルグラム**（Stanley Milgram）の実験や、**フィリップ・ジンバルド**（Philip Zimbardo）の実験です。

ミルグラムの実験では、被験者《ひけんしゃ》が権威に従《したが》うことで自《みずか》らの責任をすべて放《ほう》棄《き》するようすが観察されました。ジンバルドの実験では、被験者《ひけんしゃ》が自分がおかれた集団の行動に圧倒的に同調する傾向がしめされています。

これらの実験が殺人的な思考や行動の形成を説明するうえでどれほど有効であるかについては現在も議論がつづいていますが、二〇世紀にはそのような事例が数多く存在します。

これら三つのアプローチはすべて有効ですが、歴史における虐殺《ぎゃくさつ》や残虐《ざんぎゃく》

スタンレー・ミルグラム（一九三三～一九八四）　米国の社会心理学者。米国イェール大学などで教《きょう》鞭《べん》をとった。邦訳書《ほうやくしょ》に『服従の心理』（河出書房新社）がある。

フィリップ・ジンバルド（一九三三～二〇二四）　米国の社会心理学者。有名な「スタンフォード監獄《かんごく》実験」の責任者として知られる。おもな邦訳書《ほうやくしょ》に『現代心理学』（サイエンス社）、『シャイネス』（勁草《けいそう》書房《しょぼう》）、『ルシファー・エフェクト』（海と月社）がある。

行為《こうい》を理解するには、ほかの視点にも目を向ける価値があります。

虐殺《ぎゃくさつ》は必ずしもジェノサイドにつながるわけではありませんが、段階的な虐殺《ぎゃくさつ》なくしてジェノサイドはありえないのです。

一六世紀のフランスで「虐殺《ぎゃくさつ》(massacre)」ということばがはじめて使われたさい、その語源は肉屋のナイフ〈massacreur〉に由来《ゆらい》していました。しかし、なにをもって「虐殺《ぎゃくさつ》」とするかについては、依然《いぜん》として一致した見解がありません。

この分野の第一人者である**ジャック・セムラン**(Jacques Sémelin)は、虐殺《ぎゃくさつ》を「おもに集団でおこなわれ、非戦闘員の破壊を目的とする行動の一形態」と定義しています。しかし、この定義では、戦場における戦闘員と非戦闘員の境界が曖昧《あいまい》になる場合や、戦闘員を殺害する民間人の場合、また何人《なんにん》の犠牲者がいれば「虐殺《ぎゃくさつ》」とよべるかといった問題が考慮《こうりょ》されていません。

そこで、定義をさらに広げ、ある集団が人種的、宗教的、政治的、文化的な動機から、一般的に非武装であるほかの集団を年齢や性別にかかわらずに

ジャック・セムラン　フランスの歴史学者、政治学者。パリ政治学院教授、国際研究センター(CNRS)上級研究員。専門はホロコースト研究。邦訳書《ほうやくしょ》に『娘と話す 非暴力ってなに?』(現代企画室)がある。

殺害しようとする意図《いと》を含《ふく》めるべきでしょう。

虐殺《ぎゃくさつ》に共通するのは、ほかのあらゆる形態の大量殺戮《さつりく》と同様に、加害者が被害者に対して優越感（人種的、宗教的、文化的、政治的）をいだいていることです。虐殺《ぎゃくさつ》が植民地や辺境の地でひんぱんに見られるのはこのためです。

しかし同時に、残虐行為《ざんぎゃくこうい》は、イデオロギーや過剰《かじょう》な攻撃性とはあまり関係がなく、加害者が攻撃されることを恐《おそ》れたさいの防衛メカニズムとしての暴力であることも多くあります。また、こうした殺害行為《こうい》は、兵士や入植者が自分たちの仲間の死への復讐《ふくしゅう》を求めて「下から」起こる場合もあれば、占領に対する抵抗を思いとどまらせるために民間人に恐怖をあたえる戦略として「上から」命令されることもあります。

さらに、特定の状況では、住民を意図的《いとてき》に追い出す目的で虐殺《ぎゃくさつ》がおこなわれることもあります（一九四七年から一九四八年の第一次中東戦争で、ユダヤ人勢力がおこなったパレスチナ人に対する虐殺《ぎゃくさつ》を思い浮かべてください）。

戦場での残虐行為《ざんぎゃくこうい》は、数千年前、人類が協調的かつ比較的組織的に殺し合いをはじめたときから、戦争の一部となっています。歴史上、いかなる軍隊もこの罪を完全にまぬがれたことはありません。

現代における虐殺《ぎゃくさつ》の使用はけっして新しいものではなく、むしろ反抗的な下層階級に服従を強制するための政治的・軍事的手段として、前近代のあらゆる国家がおこなっていた虐殺《ぎゃくさつ》とよく似ています。

かつては、たとえ軍隊が行きすぎた暴力をはたらき、それが〔温和な〕エリート層の道徳的感性を刺激したとしても、政治的および軍事的な観点から完全に容認《ようにん》されたものでした。

ヨーロッパにおいて兵士が民間人を虐殺《ぎゃくさつ》する行為《こうい》が公衆の目から隠《かく》されるようになったのは、一九世紀になってからです。しかしそれでも、民間人に対する虐殺《ぎゃくさつ》は一九世紀および二〇世紀の戦争とつづき、近年の中東における戦争でも発生しています。実際《じっさい》のところ、占領軍が民間人と接触する場では、どこでも虐殺《ぎゃくさつ》が発生する可能性があるのです。

現代では、民族が（そして、それほどではないにせよ宗教が）、紛争を生きのびられるかどうかの決定的な要因となっています。これは第一次世界大戦や第二次世界大戦でも、たしかにあてはまりました。ドイツの地政学的野心に関する議論はひとまず脇《わき》におくとして、第一次世界大戦は中央ヨーロッパと東ヨーロッパにおける民族主義的・民族間の対立でも、おおいに特徴づけられていました。ヨーロッパの帝国（ロシア、ドイツ、オーストリア、オスマン〔オスマントルコ〕）が崩壊《ほうかい》したことで、係争中《けいそうちゅう》の東ヨーロッパの国境地帯で、ひじょうに多様な民族や宗教的集団間の相互的《そうごてき》緊張関係が解き放たれました。

これらの緊張は第一次世界大戦以前にも存在していましたが、ヨーロッパの帝国国家によって抑《おさ》えこまれていました。しかし戦争後、これらの地域の社会的・政治的不安定は、継続的な政治的暴力へと発展しました。

歴史家の**ティモシー・スナイダー**（Timothy Snyder）は、彼が「ブラッドランド」とよぶ、ヨーロッパ北部のエストニアから、南部のユーゴスラビアとウクライナを含《ふく》む三角形を描《えが》く地域では、少なくとも二〇世紀前半において、世界のほかのどの地域よりも暴力的な死に遭遇《そうぐう》する可能性が高かったと指摘《してき》しています。**オメル・バルトフ**（Omer Bartov）と**エリック・ワイツ**（Eric Weitz）

ティモシー・スナイダー（一九六九〜） 米国イェール大学の教授で歴史家。専門は近代ナショナリズム史、中欧東欧史、ホロコースト論。主著にホロコーストの歴史から現代への警鐘《けいしょう》を導いた『ブラックアース——ホロコーストの歴史と警告』（慶應義塾大学出版会）や『ブラッドランド——ヒトラーとスターリン 大虐殺《だいぎゃくさつ》の真実』（ちくま学芸文庫）がある。

オメル・バルトフ 米ブラウン大学教授。専門はヨーロッパ史。主著に『ジェノサイドの解剖《かいぼう》——ブチャツとよばれた町の生と死』、『ドイツの戦争とホロコースト』、『争われる歴史』、『消されたもの——現代ウクライナにおけるユダヤ系ガリツィア人の消えゆく痕跡《こんせき》』。

エリック・ワイツ（一九五三〜二〇二二） 米国の歴史家。専門はドイツ史、ソ連史、ジェノサイド研究。

著書に『ドイツ共産主義の創造一八九〇～一九九〇』、『ジェノサイドの世紀』、『ワイマール時代のドイツ』、『分断された世界』。

地政学　「地政学」という語はドイツ語の「ゲオポリティーク」の訳《やく》であり、「ドイツ地政学の祖《そ》」ともいわれ、また武官として日本に滞在《たいざい》したこともあったカール・ハウスホーファー（一八六九～一九四六）には、『日本と日本人』や『太平洋の地政学』といった、日本やその地理的分析についての著書があった。

は、バルト海から黒海にかけて広がるこれらの地域を「シャッターゾーン」または「ヨーロッパの縁辺《へんえん》地帯」とよんでいます。

たしかに、そこで起こった殺戮《さつりく》のすべてが人種的な動機によるものではなく、多くはソ連がイデオロギー的な理由でおこなったものでしたが、その多くは既存の民族的憎悪《ぞうお》に起因していました。

第二次世界大戦は、ドイツと日本の**地政学**的野望はさておき、人種イデオロギーによって引き起こされた面もあります。ナチスがヨーロッパ、とくに東ヨーロッパで体現していたように、太平洋戦線でも同様の傾向が見られました。ヨーロッパ諸国やほかのアジア勢力が日本軍と戦い、そのなかで日本軍は敵を非人間化し、みずからを優越した存在と見なし、「大東亜共栄圏《だいとうあきょうえいけん》」という思想を押しつけて、占領したアジア諸国に荒廃《こうはい》をもたらしました。

日本の占領とその支配下における民間人への虐待《ぎゃくたい》によって、約六〇〇万人が命を落としました。犠牲者には、中国人、朝鮮人、マレーシア人、インドネシア人、フィリピン人、インドシナ人などが含《ふく》まれます。

ドイツ軍がロシア人を「Untermenschen（劣等人種）」と見なしたのと同様に、連合国軍もまた日本人を「劣等人種」として扱《あつか》うことが多くありました。第二次世界大戦中、ニューギニアでオーストラリア軍を指揮した**トーマス・ブレイミー**（Thomas Blamey）将軍は、部下に対して「敵は人間と猿《さる》（ape）のあいだの存在であり、文明を守るためには絶滅させる（be exterminated）べき害獣《がいじゅう》（vermin）のような原始的なもの（something primitive）だ」と語りました。

このような見方は、真珠湾《しんじゅわん》（Pearl Harbor）攻撃を騙《だま》し討《う》ちと見なして憤慨《ふんがい》していた米国人のあいだでも広まり、敵兵の頭蓋骨から肉を煮《に》て取り除き、記念品にすることがめずらしくありませんでした。

太平洋戦線の連合軍兵士たちは、敵の耳、骨、歯、頭蓋骨を「収集」し、戦利品や記念品としてもち帰ることが一般的であり、多くの兵士の回顧録によれば、これは広くおこなわれていたようです。また、中国に駐留していた日本軍も同様の行為《こうい》をおこなっていました。

一方で、ヨーロッパ戦線では、このような戦闘員どうしの残虐《ざんぎゃく》な行為《こうい》はほ

トーマス・ブレイミー（一八八四～一九五一）第一次世界大戦および第二次世界大戦におけるオーストラリアの陸軍軍人。「元帥《げんすい》（marshal）」の称号《しょうごう》があたえられた唯一《ゆいいつ》のオーストラリア人。
彼の発言部の原文は以下のとおり。〈...a cross between the human being and the ape, vermin, something primitive that had to be exterminated to preserve civilization〉

とんど見られませんでした。しかし、ドイツ兵には、ユダヤ人を侮辱《ぶじょく》する場面や殺害、虐殺《ぎゃくさつ》のようすを記念に撮影する習慣がひじょうに強く、ひんぱんにそのような写真を残していました。

写真6には、太平洋戦争に従軍していたボーイフレンドがニューギニアから送ってきた日本兵の頭蓋骨を見つめる二〇歳のナタリー・ニッカーソン（Natalie Nickerson）が写っています。

6. 日本兵の頭蓋骨を見つめるナタリー・ニッカーソン
Ralph Crane/The LIFE Picture Collection/Shutterstock

この頭蓋骨は、戦争の恐怖を乗り越えるために兵士が頼《たよ》りにする陰惨《いんさん》な戦場ユーモアの一種をしめしているのでしょうか。それとも、軍事的成功に対する誇《ほこ》りをあらわしているのでしょうか。

この日本兵がだれだったのか、遺骨《いこつ》がどうやって海軍中尉の手に渡ったのか、そしてこの若い女性がそれをどう感じていたのか、わたしたちにはわかりません。「収集者」が腐敗《ふはい》した頭部から肉を煮《に》て取《と》り除《のぞ》く必要があったのかどうかも不明です。また、この頭蓋骨がその後どうなったのか、ナタリー自身やそれを「贈り物」として送った男性がどうなったのかもわかっていません。わかっているのは、**ラルフ・クレイン**（Ralph Crane）が撮影したこの写真が一九四四年五月号の『ライフ』誌〔報道写真で有名な米国の週刊誌〕で「今週の一枚」として掲載されたさいに、編集者がそえた説明文だけです。

「二年前、アリゾナ州フェニックスに住み、軍需産業《ぐんじゅさんぎょう》に従事《じゅうじ》している二〇歳のナタリー・ニッカーソンが大きくてハンサムな海軍中尉《ちゅうい》を見送ったさいに、彼は『**ジャップ**（日本人）』を贈ると彼女に約束しました。先週、ナタリーは、その中尉《ちゅうい》と一三人の仲間が署名した人間の頭蓋骨を受け取りました。そこには『これは良いジャップ。ニューギニアの海岸で死んでいるのを拾った』と書かれていました。この贈り物に驚いたナタリーは、頭蓋骨に「**トージョー**」と名づけました。［ライフ誌の注］軍はこのような行為《こうい》を強く非難しています。」

ラルフ・クレイン（一九一三〜一九八八）　ドイツ生まれの米国の写真家。医師の祖父と父をもって生まれたが、父の趣味《しゅみ》であった写真にひかれ、最終的に写真家となる道を選《えら》んだ。一九四一年に米国に移住。『ライフ』誌の写真家を多く輩出《はいしゅつ》したエージェンシー「ブラックスター」で働きはじめ、一九五一年に正式なスタッフとして入社。一九六一年の「ブラック・キャット・オーディション」、一九六五年の「アラスカ」などの連作がある。

ジャップ　日本人の蔑称《べっしょう》。

トージョー　太平洋戦争開戦時の日本の内閣総理大臣（在任期間一九四一〜一九四四年）で、陸軍大臣や内務大臣など多くの要職《ようしょく》を兼務《けんむ》した東条英機《とうじょうひでき》をさしていると考えられる。

SS　ドイツ語〈Schutzstaffel〉〈シュッツシュタッフェル〉の略語で、「親衛隊《しんえいたい》」と訳される。ドイツ語で「護衛」や「防護」を意味する〈Schutz〉と、軍の部隊のまとまりや区分をあらわす「梯団《ていだん》」〈Staffel〉の合成語《ごうせいご》。

ヨーロッパでは、多くのドイツ人が「支配民族」というイデオロギーに染《そ》まり、スラブ人やボリシェヴィキ〔ロシア共産党の前身組織〕と戦いました。ナチスの思想では、ボリシェヴィズム〔ボリシェヴィキが掲げる主義思想のこと。レーニン主義〕はユダヤ人のイデオロギーとされており、この戦いは人種を絶滅させるための戦争でもあったのです。東部戦線での死傷者数はほかの戦域と比較しても、その破壊の規模と性質を明確にしめしています。

太平洋戦線とヨーロッパ戦線を合わせた連合国側の犠牲者《ぎせいしゃ》総数は、民間人と軍人を合わせて約一五〇〇万人でした。これは大きな犠牲《ぎせい》ですが、ドイツ側の約一〇〇〇万人、ソ連側の約二七〇〇万人（その大半が民間人）の犠牲者《ぎせいしゃ》数とくらべると、その差は歴然《れきぜん》としています。また、戦争での死者数は国によって大きく異《こと》なりました。フランスでは戦争で失われた命は戦前の人口の約一％でしたが、ポーランドでは人口の一六％から二〇％が犠牲《ぎせい》となり、戦争で直接の影響を受けなかった家庭はほとんどありませんでした。

フランスとオランダでは、撤退時《てったいじ》に**SS**（親衛隊《しんえいたい》）によって破壊された町はそれぞれひとつのみでしたが、ロシアでは三〇〇〇を超える村が地図から

7. 1968年3月にベトナムで起きたミライ虐殺《ぎゃくさつ》事件の写真
Universal History Archive/UIG/Shutterstock

消えました。これはウクライナやそのほかの東ヨーロッパ諸国を含《ふく》まない数です。

東ヨーロッパでの苦しみは想像を絶するものであり、さらに戦前からつづくソ連による政治的暴力や飢饉《ききん》の歴史が、この地域の痛《いた》みをいっそう深めました。

第二次世界大戦中の東部戦線で起きた虐殺《ぎゃくさつ》や残虐《ざんぎゃく》行為《こうい》が、なんらかの意味で異常だったと考えるのは誤りです。

このような極端な暴力は、戦争ではあまりにもありふれたものなのです。

写真7は『ライフ』誌に掲載《けいさい》されたもので、米陸軍の写真家**ロナルド・L・ヘーベル**(Ronald L. Haeberle)が一九六八年にベトナムで起きたミライ虐殺《ぎゃくさつ》〔ソンミ村虐殺事件〕のさいに撮影しました。

この写真には、道路上で倒れている女性と子どもたちの遺体《いたい》がおもに写っています。

戦争記者の**シーモア・マイロン・ハーシュ**（Seymour Myron "Sy" Hersh）は、この虐殺《ぎゃくさつ》から約一年後にＡＰ通信のワイヤーサービス〔通信社が取材した情報を新聞社やテレビ局などに有線で提供するサービス〕で事件を報じ、その後、各新聞が次々と取り上げました。

ミライ虐殺《ぎゃくさつ》は、わたしたちが知るかぎり、米軍によっておこなわれた複数の虐殺《ぎゃくさつ》のなかでも最も残虐《ざんぎゃく》なものですが、報道されずに闇《やみ》に葬《ほうむ》られた虐殺《ぎゃくさつ》も数多くあったはずです。

虐殺《ぎゃくさつ》の研究では、しばしば犠牲者に焦点があてられますが、では加害者についてはどうでしょうか。

ヴァルナド・シンプソン（Varnado Simpson）一等兵はミライ虐殺《ぎゃくさつ》に参加したアフリカ系米国人の兵士で、**ウィリアム・L・キャリー・ジュニア**（William L. Calley Jr.）中尉率《ひき》いるC小隊がベトナム人の民間人三四七人を射殺したときにその場にいました。女性の一部は集団レイプされてから殺され、遺体《いたい》は切

ロナルド・L・ヘーベル（一九四一？〜）米国オハイオ州クリーブランド出身の米陸軍写真家。名《めい》誉《よ》除隊《じょたい》で故郷のオハイオ州クリーブランドに戻《もど》ってから一年後、ミライ虐殺《ぎゃくさつ》の写真を地元紙に提供。同紙は一九六九年一一月に個人体験談とともに写真を掲載《けいさい》。さらに写真はライフ誌に売却され、同誌は一九六九年一二月五日号で掲載《けいさい》した。

シーモア・マイロン・ハーシュ（一九三七〜）数々のスクープで名を馳《は》せた米国の報道記者。三二歳のとき、ベトナム戦争下のソンミ村における虐殺《ぎゃくさつ》を報道し、米軍による民間人殺害を世界に発信した。おもな邦訳書《ほうやくしょ》に『ソンミ——ミライ第四地区における虐殺とその波紋』（草思社）、『アメリカの秘密戦争——9・11からアブグレイブへの道』（日経BPマーケティング）がある。

断されるなどの残虐《ざんぎゃく》な行為《こうい》もおこなわれました。後年、シンプソンはみずからの行為《こうい》について公《おおやけ》に語るようになりましたが、深い罪悪感に苛《さいな》まれ、一九九七年に自殺しました。

すべての加害者が同じように行動するわけではなく、みなが罪悪感に苛《さいな》まれたり、自分がしたことや目にしたことに心を悩《なや》まされたりするわけでもありません。

たとえば、かつてクメール・ルージュ〔カンボジアの武装組織・政権の名〕に属していた、ある刑務所看守《かんしゅ》のインタビューが残っています。この男は、七人の妊婦《にんぷ》殺害を含《ふく》め、農具〔鎌《かま》など〕で二〇〇〇人を殺した責任があるとされています。しかし、自宅での彼は、膝《ひざ》の上で赤ん坊をあやしながら、どこにでもいるクメール人〔現在のカンボジア王国の人口の九割以上をしめる〕の農民と変わらない、穏《おだ》やかな祖父のように見えました。にもかかわらず、犠牲者たちは彼を残虐《ざんぎゃく》な殺人者として記憶しているのです。

ナチスによるホロコーストの調整役だった**ラインハルト・トリスタン・オイゲン・ハイドリヒ**（Reinhard Tristan Eugen Heydrich）もまた、複雑な一面をも

ヴァルナド・シンプソン（一九四八〜一九九七）一八歳のとき、テネシー大学を中断して、陸軍に入隊。入隊の翌年、南ベトナムに派遣《はけん》された。

ウィリアム・L《ローズ》・キャリー・ジュニア（一九四三〜二〇二四）米陸軍将校。ベトナム戦争中の一九六八年三月一六日のソンミ村虐《ぎゃく》殺《さつ》で非武装の南ベトナム民間人二二人を殺害。軍法会議で有罪判決を受けた。

ラインハルト・トリスタン・オイゲン・ハイドリヒ（一九〇四〜一九四二）ナチス・ドイツの高官。ユダヤ人問題の最終的解決計画の「調整役」として計画を実質的に推《お》し進めた人物。一九四二年に暗殺されたが、その報復《ほうふく》としてチェコのリディツェ村などで多くの人々が処刑され、大規模な弾圧《だんあつ》がおこなわれた。

ローベルト・ゲルヴァルト（一九七六〜）ドイツの歴史家。専門はヨーロッパ史、とりわけドイツ近代史。『ヒトラーの絞首人《こうしゅにん》』（白水社《はくすいしゃ》刊）でラインハルト・ハイドリヒに関する徹底的な調査をおこなった。

つ人物でした。伝記作家**ローベルト・ゲルヴァルト**（Robert Gerwarth）によれば、彼は「ひじょうに繊細《せんさい》なバイオリニストで、聴衆に深い感銘《かんめい》をあたえる優《やさ》しさと感傷をしめしていた」といわれています。

これが真実であったかもしれません。しかし、近年の研究によれば、SS隊員やその補助警察は、東ヨーロッパでの大量処刑の前後や最中《さなか》に、しばしばアルコールに酔《よ》いながら、集団レイプや性的屈辱《くつじょく》、拷問《ごうもん》といった残虐《ざんぎゃく》な行《こう》為《い》を「儀式」のようにすすんでおこなっていたのです。

無差別爆撃

民間人に対する残虐行為《ざんぎゃくこうい》は、二〇世紀になって、たんに広まっただけでなく、組織的かつ体系的におこなわれるようになりました。その代表例が、第二次世界大戦中に連合国がドレスデン、ハンブルク、東京、広島、長崎といった民間都市（民間人が居住する都市）に対しておこなった破壊行為《こうい》です。

都市は古来より包囲され、攻撃の対象となってきましたが、二〇世紀初頭に飛行機が発明されたことで、交戦国は今までにない遠く離れた距離から都市を爆撃できるようになりました。一八九九年の第一回**ハーグ平和会議**では、**民間人が居住する都市への攻撃が可能だと解釈しうる余地**《よち》が残されました。その後、ヨーロッパの軍隊によってまずは植民地で空爆の技術が試《ため》され、完成されていったのです。これらの空爆は民間人の殺害にとどまらず、家屋や農作物、家畜、さらには生活そのものを破壊するものでした。

飛行機からのはじめての爆弾投下は、一九一一年、イタリア軍がトリポリ〔北アフリカ、現在のリビアの首都〕でトルコ軍の野営地を攻撃したさいにおこなわれました。その後、一九一一年にフランスもモロッコで同様の爆撃をおこないました。

第一次世界大戦後になると、一九二〇年代には英国がイラクやアフガニスタン北西辺境《へんきょう》で、イタリアがエチオピアで、そしてドイツが**スペイン内戦**中に「無差別爆撃」を実験的に実施しました。これにはホスゲン〔二塩化カルボニルともよばれる化学物質で、一酸化炭素と塩素の化合物〕やマスタードガスといった毒ガス攻撃も含《ふく》まれていました。

「無差別爆撃」は本来、市民の士気《しき》をくずすことを狙《ねら》ったものでしたが、その目的が達成されたことはなく、実際《じっさい》にはできるだけ多くの人命を奪《うば》うことに主眼がおかれていたといえます。

ハーグ平和会議（Hague peace conference）オランダのハーグで開催された国際会議で、列強《れっきょう》国《こく》どうしの武力対立を避《さ》けるべく国際社会の協調を促《うなが》した。この会議により、ハーグ陸戦条約、毒ガス禁止などの国際法規が成立した。一八九九年の第一回と一九〇七年の第二回のあと、一九一五年にも開催予定だったが、その前年（一九一四年）に第一次世界大戦のきっかけとなるサラエボ事件が発生し、第三回は中止された。

民間人が居住する都市への攻撃が可能だと解釈しうる余地 ハーグ陸戦条約の第二五条には「防守《ぼうしゅ》されていない都市、集落、住宅または建物は、いかなる手段によってもこれを攻撃または砲撃することはできない」とある。つまり「防守《ぼうしゅ》されていない都市」は攻撃不可とされた。しこの「無差別爆撃」は、第二次世界大戦中にピークに達し、ドイツ国内だけでも三〇万人から六〇万人の民間人が犠牲になりました。多くの英国人がドイツ都市への報復《ほうふく》爆撃を支持し、その目標は人口一〇万人以上の都市を完全に破壊することにありました。

同様の政策は日本に対しても適用され、多くの米国人が日本の都市への爆撃を熱狂的に支持し、さらには全日本人の絶滅を望む声さえありました。

現代において、このような航空戦力による無差別の大量殺戮《さつりく》はもはや容認《ようにん》されなくなっていますが、冷戦時代には人類全体の殲滅《せんめつ》がつねに潜在的《せんざいてき》な脅《きょう》威《い》として存在しており、現在もその危険はつづいています。

ただし、今日《こんにち》ではいわゆる**スマート爆弾**（smart bomb）やドローンを用《もち》いた精密爆撃が主流となり、おもに軍事目標を狙《ねら》った攻撃がおこなわれています。

二〇世紀前半に起きた大量殺戮《さつりく》を理解するには、二つの方法があります。

ひとつは、それぞれの事件を個別に分け、それぞれを特定の歴史的文脈《ぶんみゃく》（場所と時代）のなかで検討し、各事件を特定の国や国家間の歴史や独自の文

かし、これは逆にいえば、（少しでも）防守《ぼうしゅ》された都市ならば攻撃可、とも読めてしまう。加えて、同条約には罰則《ばっそく》規定がなく、その法的抑止力《よくしりょく》が限定的だったとの指摘もある。

スペイン内戦（Spanish Civil War）一九三六年から一九三九年までスペインで発生した内戦。左派《さは》の「ロイヤリスト派」と、フランコ将軍ら右派《うは》の「ナショナリスト派」とが争った。前者をソ連とメキシコが支援し、後者をドイツ、イタリア、ポルトガルが支持・参戦し、戦線が拡大した。

スマート爆弾　目標への命中の確率を高めるための誘導《ゆうどう》装置をそなえた航空爆弾で、「誘導《ゆうどう》爆弾」ともいう。

化が生み出した結果として説明する方法です。

もうひとつは、大量殺人をヨーロッパ全体で同時に展開された現象と捉《とら》え、国境を越えた広範《こうはん》な背景で、さまざまな人びとの関与により実行されたものとして考察する方法です。

この後者の見方では、事件の「形式」に注目し、その背景となる文脈《ぶんみゃく》よりもその共通のかたちに焦点をあてます。これは、ジェノサイド研究者が大量殺戮《さつりく》の理論的な意味を論じるさいによく用《もち》いる手法です。どちらのアプローチも有効であり、それぞれ異《こと》なる角度から興味深い洞察が得《え》られます。

テロリズム

国家が現代世界で最も多くの死者を出している一方で、政治的、宗教的、あるいはイデオロギー的な目的を達成するために組織化された集団がおこなうテロリズムもまた暴力として主要なものです。

既存の社会秩序《ちつじょ》を破壊し、あるいは暴力で覆《くつがえ》そうとする革命家やテロリストたちはみな、暴力を神聖《しんせい》なもの、ときに崇高《すうこう》な手段と見なします。無政

ジハード主義者（Jihadist）　イスラム過激派のことを一部メディアは「ジハード主義者」とよぶことがある。「ジハード」は本来イスラム世界では「宗教のために努力する」ことを意味するが、その努力はしばしば「戦い」にたとえられ、つきつめて「聖《せい》なる戦い」「聖戦《せいせん》」と訳《やく》される。

府主義者やマルクス主義者、**ジハード主義者**、さらには西側諸国の軍事勢力も、この点で共通しています。

　敵対者を殺すことを厭《いと》わない革命家や「自由の戦士」、大義のために命を投げ出す自爆テロ犯《はん》、さらには、民主的改革の名のもとにアフガニスタンやイラクなどの国家を転覆《てんぷく》させるための武力行使を厭《いと》わない西側諸国——いずれも、暴力を「正当《せいとう》な目的のために必要な手段」として称賛し、必ずしも「悪」とは見なしていません。

　急進的な政党や組織もまた、無辜《むこ》の民間人を犠牲にしてでも、みずからの目的を達成するために暴力を用《もち》いることをためらいません。

　じっさい、こうした新しい、よりよい社会をめざす闘争においては、しばしば民間人が攻撃の標的とされています。

　では、テロリズムとはなんでしょうか。この用語の意味するものは、過去二世紀にわたって大きく変化してきました。

　一九世紀までは、「テロ」とは国家が個人に対しておこなうものに限《かぎ》られていました。たとえば、フランス革命時の「恐怖政治」や、威《い》圧的《あつてき》な公開処刑がそうです。

この状況が一変したのは、一八七〇年代から一八八〇年代にかけてのことです。**ツァーリ体制**の転覆《てんぷく》をめざしたロシアのアナキスト〔無政府主義者〕たちが「テロリズム」や「テロリスト」とよばれるようになり、以後「テロリズム」は国家による上からの支配ではなく、下からの反抗をしめすものとして使われはじめました。この新しいテロリズムは、秘密行動であり、政治的かつ暴力的で、革命的でもあったのです。

二〇世紀には、このようなテロリズムのかたちを象徴《しょうちょう》するグループがいくつかあらわれました。アルジェリアの抵抗運動、アイルランド共和軍（IRA）、パレスチナ解放機構（PLO）などです。これらの運動からは、ドイツの**赤軍派**《せきぐんは》やイタリアの**赤い旅団**《りょだん》など、多くの派生《はせい》組織〔枝分かれして生まれた組織〕も生まれました。

また、一九世紀と二〇世紀以降のテロリストの大きなちがいとして、前者が政治エリートを標的としていたのに対し、後者は一般市民を標的にするよ

ツァーリ体制　ロシア帝国の絶《ぜっ》対《たい》君主制《くんしゅせい》の体制。「ツァーリズム」とも。「ツァーリ」はロシア皇帝のこと。

赤軍派（Red Army Faction ドイツ語ではRote Armee Fraktion）　旧・西《にし》ドイツ（ドイツ連邦共和国）で一九六八年に結成された極左《きょくさ》の民兵《みんぺい》組織・テロリスト集団。多数の著名ドイツ人を殺害した。

赤い旅団（Le Brigate Rosse）　イタリアで一九六九年に結成された極左テロ組織。モーロ元イタリア首相誘拐《ゆうかい》・殺害事件をはじめ、数多くのテロ事件に関《かん》与《よ》し、政治家、実業家、裁判官などを殺害した。

うになったことが挙《あ》げられます。ＰＬＯは、一九七〇年のニューヨークとロンドン行きの飛行機四機のハイジャックと爆破、一九七二年の**ミュンヘンオリンピック事件**といった、衝撃的なテロ攻撃にも関与していました。テロリズムとは、政治であり、同時に劇場的な要素ももちあわせているのです。

それでも、**アウグスト・ピノチェト**（Augusto Pinochet）政権下のチリのような国家主導のテロは、依然《いぜん》として存在しています。暴力と威圧《いあつ》で支配する独裁政権や独裁者のもとでは、このような国家による恐怖の支配が現在もつづいているのです。

「テロリズム」ということばは、つねに否定的な意味をもっています。さまざまな種類の政治的異議《いぎ》や、政府や資本主義に対する過激な攻撃を、正当性《せいとうせい》のないものとして糾弾《きゅうだん》するために、政府によってしばしば使用されてきました。過激な菜食主義者《さいしょくしゅぎしゃ》や中絶反対運動家が、工業型農業を「ジェノサイド」とよんだり、工業的な養豚場《ようとんじょう》や食肉処理場を襲撃《しゅうげき》したりすることがあり、保守的な体制の一部から「テロリスト」とよばれることもあります。しかし、

ミュンヘンオリンピック事件　パレスチナの武装組織「黒い九月」がイスラエル選手団の宿舎を襲《おそ》い、選手とコーチの二人を殺害し、人質となった九人が銃撃戦によって死亡した。

アウグスト・ピノチェト（一九一五～二〇〇六）　チリの陸軍軍人、政治家。一九三七年九月一一日のチリ・クーデターで政権を掌握《しょうあく》、一九七四年から一九九〇年までチリ共和国大統領。

これはどちらも不適切な呼《よ》び方であり、暴力に関連する用語が誤用や濫用《らんよう》をされがちな一例を示しています。

「テロリズム」という用語は、侮蔑的《ぶじょくてき》なレッテルとして使われると同時に、分析カテゴリーでもありますが、「ある人にとっての自由の戦士は、ほかの人にとってのテロリストである」という古い格言がしめすとおり、この用語を客観的に定義することはひじょうにむずかしいのです。テロリストとは、本人が名のるものではなく、他者からそうよばれるものだからです。

しかし、なにが通常の戦争で許され、なにが許されないかについて、国際的に認められた法律や原則にもとづいてテロリズムの定義を導きだせると考える人もいます。テロリズムには、公人《こうじん》〔公務・公職にある人。公務員や議員など。対義語は私人（しじん）〕の暗殺から民間人への無差別攻撃まで含《ふく》まれるとされ、たとえば二〇〇四年のマドリード爆破事件、二〇〇五年のロンドン爆破事件、二〇〇八年のムンバイ攻撃事件、二〇一五年のパリ同時多発テロがその例として挙《あ》げられます。

しかし、現代の定義には国家主体の行為《こうい》を除外する傾向があるため、こうした定義には問題があります。

エイヴラム・ノーム・チョムスキー（一九二八〜 ） 米国の言語学者。マサチューセッツ工科大学（MIT）名誉《めいよ》教授。生成文法理論を提唱。その広範《こうはん》な分野におよぶ業績から「知の巨人」と評される。邦訳書《ほうやくしょ》多数。

エイヴラム・ノーム・チョムスキー（Avram Noam Chomsky）のことばを借りれば、「われわれが彼らに対しておこなう恐怖は除外され、彼らがわれわれに対しておこなう恐怖だけが含《ふく》まれる定義を見つけるのはむずかしい」ということです。

政府が個人の自由を制限する法律をとおすために、テロの脅威《きょうい》を利用し、場合によっては誇張《こちょう》することはめずらしくありません。

たとえば、オーストラリアでは二〇〇一年以降、「国家安全保障」の強化や「テロとの戦い」のために何十億豪《ごう》ドル（オーストラリア・ドル。豪は漢字によるオーストラリアの略表記）もが費《つい》やされてきましたが、テロ関連の事件で亡《な》くなったのは合計一一二人（容疑者も含《ふく》む）です（ここには二〇〇一年の「九・一一」事件で亡《な》くなったオーストラリア人一〇人や、二〇〇二年のバリ爆弾テロで死亡した八八人は含《ふく》まれていません）。

しかし同じ期間に、オーストラリアでは家庭内暴力によって八〇〇人以上の女性と二五〇人以上の男性が命を落としており、それに対する予算はわずか七億豪《ごう》ドルにとどまっています。

このような状況はほかの先進国でも見られます。

英国では、二〇〇〇年から二〇一八年のあいだにテロ関連事件で亡《な》くなったのは一二六人であり、毎年二六億ポンドが「国家安全保障」に投入されています。

同じ期間に、イングランドとウェールズでは家庭内暴力によって一八七〇人が亡《な》くなり、さらに家庭内暴力が原因で四〇〇人が自殺しています。

もちろん、世界じゅうの国家安全保障機関がテロ計画を未然に防いできたことはまちがいありませんが、それによってどれだけの無実の人びとの命が救われたのかを正確に知ることはできません。

そして、いずれにしても、テロリズムと家庭内暴力という二つの問題に対する対応が、死者数の差を考慮《こうりょ》して妥当《だとう》なものであったのか、という疑問は残ります。

これは、〈なぜ、ある種の暴力が、ほかの暴力よりも悪とされるのか〉という問いだけでなく、〈政府やメディア、そして一般市民がなぜ、またどのように特定の暴力をほかの暴力より優先して扱《あつか》うのか〉という問いにもつながってきます。

テロ集団は、革命組織と同様に「善対悪」という考え方をとりいれ、自分たちの集団に属さない者を排除《はいじょ》する傾向があります（それに対抗する国家側もまた、同じような姿勢をもっています）。

一九世紀のテロリスト集団はナイフや銃、ダイナマイトを使い、「**行為《こうい》のプロパガンダ**」とよばれる攻撃を実行していましたが、二一世紀のテロ攻撃はさらに致命的なものとなっています。

テロリズムは、そもそも人びとに恐怖をあたえることを目的としているのです。実例として、二〇〇二年のバリ爆弾テロでは二〇二人が死亡し、数百人が負傷しました。

二〇〇四年のマドリード列車爆破では一九一人が命を落とし、一八〇〇人以上が負傷しました。

二〇〇五年のロンドン地下鉄爆破では五二人が死亡し、七〇〇人以上が負傷しました。

二〇〇八年のムンバイ同時多発テロでは一七四人以上が死亡し、三〇〇人

行為のプロパガンダ（propaganda of the deed）　無政府主義（アナキズム）や極端な左翼《さよく》思想にもとづく直接的な暴力やその他の行動をさすことば。一九世紀末のフランスで、経営者との対立のなかで労働者側が手段を選ばず暴力を用《もち》いたり窃盗《せっとう》や脅迫《きょうはく》など犯罪行為も辞さないやり方で労働条件の改善を求めたが、そのときに掲《かか》げたスローガンが〈propagande par le fait〉だったことに由来《ゆらい》する。「プロパガンダ」は、なんらかの信念や見解を多くの人に伝え広めるための情報操作のこと。

以上が負傷しました。

二〇一五年一月には、**ナイジェリア**のバガという町がボコ・ハラムによる襲撃《しゅうげき》を受け、最大二〇〇〇人が犠牲になりました。同じ年にパリで起きた攻撃では一三〇人が死亡し、四九四人が負傷しました。

西側メディアはこれら二つの事件を報道するにあたり、とくにパリでの事件に偏《かたよ》って注目をしました。こうした報道姿勢は、西側諸国の人びとが暴力の犠牲者に対して「共感」をいだく感情に大きく影響をあたえています。

これらの例からわかるように、テロリズムは、言い方は悪いかもしれませんが、より強力な敵（通常は国家）と戦うための「費用対効果の高い」手段となりえます。

大量の人命を奪《うば》うには、簡単な爆発物や銃程度で充分です。

たとえば、二〇一九年三月一五日にニュージーランドのクライストチャーチで起きたモスク銃撃事件では、五一人が死亡し、四〇人が負傷しました。

また、二〇一六年にフランスのニースで発生した「ローンウルフ」による

ナイジェリア　歴史的に北部はイスラム教圏《けん》、南部はキリスト教圏《けん》という宗教的な地域対立があり、そこに南部では石油が産出されるという経済格差も加わってナイジェリアは政情不安がつづいた。

西側メディア　自由主義諸国のマスメディアの意。「西側」は東西冷戦《とうざいれいせん》中のヨーロッパ、とくに分断されていたドイツと、その中心地で同じく分断されていたベルリンを見たとき、分断の西側が〈自由主義〉の勢力圏で、東側が〈共産主義〉の勢力圏であることから生まれた表現。

テロでは、若い男が**バスティーユ・デー**を祝う群集にトラックで突っこみ、八六人が死亡し、数百人が負傷しました。

　しかし、成功を収めるテロ組織は、たんなる一匹狼《いっぴきおおかみ》の攻撃にとどまりません。テロ組織には高度な技術や通信のスキルが不可欠であり、さらには支援者のコミュニティも必要です。そのため、これらの組織は比較的裕福な家庭に育ち、高学歴である過激派によって構成されることが多いのです。

　こうした組織はしばしば、現代の官僚機構に似た精巧《せいこう》な構造をもつ階層的で専門化された軍事組織へと発展します。また、残忍《ざんにん》な殺害行為《こうい》を正当化《せいとうか》し、新たなメンバーを勧誘《かんゆう》するためのプロパガンダ部門をそなえていることが少なくありません。

　テロ組織のなかには宗教が重要な役割をはたすものもあります。たとえばアルカイダなどがそうですが、こうした組織のメンバーが宗教的信念によって暴力行為《こうい》に駆《か》り立てられるのか、それとも政治的信念によるのかについては意見が分かれています。

　この「新しいテロリズム」は宗教的な要素を含《ふく》む点で、過去のテロ行為と

バスティーユ・デー　一七八九年七月一四日に発生し、フランス革命の発端となったパリの「バスティーユ監獄《かんごく》襲撃《しゅうげき》」、および、この事件の一周年を記念し翌一七九〇年同月日におこなわれた「全国連盟祭」を起源とする祝祭。フランス革命記念日であり、現代フランスの建国記念日でもある。フランス語で「ル・カトルズ(キャトーズ)・ジュイエ(Le Quatorze Juillet＝七月一四日の意)」あるいは「カトルズ(キャトーズ)・ジュイエ」、また日本語では「パリ祭」とよばれる。

一線を画しています。

とくにイスラムを掲《かか》げるテロ組織においては、殉教《じゅんきょう》が活動の中心的な位置づけをもっています。

そのため、暴力的なジハードや殉教《じゅんきょう》の神学的な根拠がコーランの解釈にみられるとしても、殉教《じゅんきょう》を積極的に追求する姿勢は、テロの比較的新しいアプローチといえます。


現代のテロ行為《こうい》には多くの共通点があります。

それは通常、飛行機のハイジャック、公人《こうじん》の暗殺、援助活動家の斬首《ざんしゅ》、自動車爆弾や自爆テロといった、ひじょうに暴力的で衝撃的な行為《こうい》であること、一般的に民間人を標的としていること、そして大勢の民間人に恐怖をあたえ、場合によっては政府の安定を脅《おびや》かすことを目的としている点です。

テロ攻撃が起こる理由や、テロリストの動機はその背後にある過激派集団に属する個々のメンバーによってさまざまであり、あらゆる暴力と同様に、文脈《ぶんみゃく》がきわめて重要です。

デイヴィッド・C・ラポポート（一九二九〜二〇二四）米国の政治学者。宗教的な動機によるテロリズムの研究が専門。カリフォルニア大学ロサンゼルス校（UCLA）名誉《めいよ》教授で、《Terrorism and Political Violence》誌の創刊者であり編集長も兼《か》ねた。ここで紹介した「四つの波」理論を展開した著書に『グローバル・テロの波』がある。

政治学者**デイヴィッド・C・ラポポート**（David C. Rapoport）は、近代テロリズムに「四つの波」があると指摘《してき》しています。それは、

○一八九〇年代から一九一四年〔第一次世界大戦がはじまった年〕までの「アナーキストの波」
○一九二〇年代から一九六〇年代までの「反植民地主義の波」
○一九六〇年代から一九九〇年代までの「新左翼《しんさよく》（New Left）の波」
○一九七九年のイラン人質事件にはじまり今日《こんにち》までつづく「宗教の波」

この四つです。

四つめの〈宗教の波〉の時代には、強力なエリートを標的とする攻撃から、大量殺傷を目的とする攻撃へのシフトが見られました。

さらに付け加えると、第五の波として〈右翼《うよく》過激主義〉が台頭しているようです。国連安全保障理事会のテロ対策委員会の報告書によれば、二〇二〇年までの五年間で右翼《うよく》テロが世界じゅうで劇的《げきてき》に増加していることが指摘《してき》されています。

多くの攻撃は西側諸国で発生しており、ニュージーランドのクライスト

チャーチ（二〇一九年三月）、米国のエルパソ（二〇一九年八月）、ドイツのハレ（二〇一九年一〇月）やハナウ（二〇二〇年二月）で事件が起きています。

米国メリーランド大学のグローバル・テロリズム・データベースによると、二〇一五年から二〇一九年にかけて米国で発生したテロ攻撃は三一〇件にのぼり、その結果、三一六人が死亡しました。

これらの攻撃のほとんどは右翼《うよく》過激派によるもので、今やこれは世界的な問題となっています。

戦争における殺戮の衰退？

一八六二年、米国の南北戦争において**ガトリングガン**（Gatling gun）がはじめて使用されてから、一九五二年に**熱核兵器**《ねつかくへいき》が実験されるまでのあいだに、戦争における殺傷能力は劇的《げきてき》に向上しました。

この九〇年間に、世界は第一次世界大戦での戦場や、第二次世界大戦の死の収容所でのガスの使用を経験しました。

その後、化学兵器や生物兵器の開発が進んだだけでなく、「絨毯《じゅうたん》爆撃」や

ガトリングガン　米国の発明家リチャード・ジョーダン・ガトリングによって一八六一年に製品化された火器の一種。連射《れんしゃ》可能なしくみを採用し、二〇世紀初頭まで使用された。

熱核兵器(thermonuclear weapon)　水素爆弾《すいそばくだん》(hydrogen bomb)あるいは水爆《すいばく》とも。重水素《じゅうすいそ》および三《さん》重水素《じゅうすいそ》(トリチウム)の熱核反応《ねつかくはんのう》を利用した核兵器をいう。

飛行機による民間人への機銃掃射《そうしゃ》もおこなわれるようになりました。

また、戦車、火炎放射器《かえんほうしゃき》、ナパーム弾《だん》（火炎による新たな殲滅《せんめつ》手段）、魚雷《ぎょらい》、潜水艦、さらに近年では無人偵察機《むじんていさつき》の発明もあり、これらはいずれも甚大《じんだい》な人命損失を引き起こす可能性をもっています。

化学兵器は第一次世界大戦でのみ使用されたと思われがちですが、実際《じっさい》には、焼夷弾《しょういだん》もまた化学兵器であり、第一次世界大戦よりも第二次世界大戦においてはるかに多くの死者を出しました。

第二次世界大戦中には火災旋風《せんぷう》によって約三五万人が窒息死《ちっそくし》したのに対し、第一次世界大戦中の焼夷弾《しょういだん》による死者は九万人でした。

さらに、二一世紀においても、中東の紛争でこうした兵器が使用されています。

興味深いのは、第二次世界大戦中に交戦国どうし、新たに開発した神経ガスを所持していたにもかかわらず、使用しなかった点です。これはおそらく「**相互抑止**《そうごよくし》」の初期の例だったと考えられます。

一九二一年のワシントン会議では、戦争でのガス使用が禁止されましたが、

相互抑止　破滅的な兵器を保有する国どうしにおいて、一方の国がその兵器で攻撃すれば相手国も同様の兵器で報復《ほうふく》するため、自国が壊滅的《かいめつてき》な被害を受けると互《たが》いに予想することで、攻撃を思いとどまるしくみ。第二次世界大戦後、ともに核兵器保有国である米国とソ連の対立（冷戦）において理論化され、軍事・外交に大きな影響をあたえた。

戦間期には、のちに軍事史家となる**B・H・リデル・ハート**大尉《たいい》（Sir Basil Henry Liddell-Hart）のように、ガスは銃弾や爆弾よりも「人道的」な武器であり、植民地での反乱を鎮圧《ちんあつ》するための費用対効果の高い手段であると主張する人もいました。

第一次、第二次世界大戦の数字を見れば、殺戮《さつりく》の規模を理解する助けになります。第一次世界大戦では、戦死傷者が九七〇万人にのぼりました。西部戦線での戦争は、数百万発の砲弾《ほうだん》が塹壕《ざんごう》に向けて発射されるという凄《すさ》まじい砲撃戦で、ドイツ軍の砲撃だけでも二億二〇〇〇万発以上が発射されました。

この戦争による死者の六〇%は、さまざまな種類の爆弾や砲弾《ほうだん》によるものです。それらの影響をあらわすために「**シェルショック**（shell shock）」という新しいことばが生まれました。これは、近代戦争がもたらす心理的な影響を理解しようとする動きのはじまりであり、やがて「心的外傷後ストレス障害（PTSD）」として正式に認識されるようになりました。

B・H・リデル・ハート（一八九五〜一九七〇）　英国の軍人、軍事史家、軍事理論家。邦訳書《ほうやくしょ》に『第二次世界大戦（上・下）』（中央公論新社）、『リデルハート戦略論（上・下）』『ナポレオンの亡霊《ぼうれい》』（ともに原書房）がある。

シェルショック　「砲弾《ほうだん》ショック」「戦争神経症」とも。第一次世界大戦中に英国の心理学者チャールズ・サミュエル・マイヤーズによって命名された造語《ぞうご》。

紛争（conflict）一般的に「戦争」(war)は、より広い意味の「紛争」に含《ふく》まれ、武力をともなう「武力紛争」のうち、国家どうしでおこなわれるものをさす。すなわち「戦争＝国家間紛争」と考えられる。これに対して、国家でないものどうしが戦うのが「非国家間紛争」であり、そのなかでも、ある国の内部集団どうしがあらそうものを「内戦」（英語では civil war）という。

二〇世紀に入ると、負傷後に治療を受けるまでの時間が短縮され、医療技術も向上したことで、戦場での死亡率が大幅《おおはば》に低下しました。

第一次世界大戦での米軍の負傷者の場合、負傷から治療までの平均時間は一二〜一五時間で、死亡率は八・五％でした。これが第二次世界大戦では、六〜一二時間に短縮され、死亡率は五・八％に下がりました。

外傷治療が大きく進歩したとされる朝鮮戦争では、負傷から二〜四時間以内に治療がおこなわれ、死亡率は二・四％まで劇的《げきてき》に改善されました。

ベトナム戦争では、負傷からわずか一〜二時間で治療がはじまり、死亡率は二・六％で安定しました。

そして二一世紀初頭の中東での戦争では、兵士は負傷から三〇〜九〇分で戦闘支援病院に搬送されるようになりました。

同時に、世界全体での年間戦死者数は、第二次世界大戦終結後、朝鮮戦争（一九五〇〜一九五三年）、一九六〇年代半《なか》ばから一九七〇年代半《なか》ばにかけてのベトナム戦争、一九九〇年代のバルカン半島や旧ソビエト共和国間の**紛争**などによる一時的な急増を除き、減少しています。

しかし、過去一〇〇年の傾向として、戦争による非戦闘員の死者〔傍点は訳者〕はひじょうに劇的《げきてき》に増加しました。

第一次世界大戦では、一〇〇〇万人の死者のうち、非戦闘員の死者はおそらく一〇%にすぎませんでしたが、第二次世界大戦では、五〇〇〇万人以上の死者のうち、非戦闘員の死者が五〇パーセントにまで跳《は》ね上がりました。

そして、この非戦闘員の犠牲はそれ以降も増加しつづけています。最悪の例として、一九九六年から二〇〇三年にかけてのコンゴ民主共和国での戦争では、数百万人の死者のうち九〇%以上が非戦闘員でした。

『人間の安全保障報告書（Human Security Report）』によると、一九四六年〔第二次世界大戦が終結した翌年〕から二〇〇八年にかけて、戦争件数は着実に増加し、一九九〇年代初頭には年間五〇件を超えるまでに達しました。この期間に発生した武力紛争〔広い意味での「戦争」と同義。前ページ注参照〕は合計二二五件で、そのうち一一五件が一九八九年から二〇〇一年のわずか一二年間に集中しています。

人間の安全保障　国連開発計画（UNDP）が一九九〇年から毎年発行している『人間開発報告書』（Human Development Report／略称はHDR）の一九九四年版で、この「人間の安全保障」という概念がはじめて公式にとりあげられた。これは国家中心の従来のアプローチでは充分ではないとの認識に立ったもので、そのなかで人間の安全保障を、①「飢餓《きが》・疾病《しっぺい》・抑圧《よくあつ》等の恒常《こうじょう》的《てき》な脅威《きょうい》からの安全の確保」、

②「日常の生活から突然断絶《だんぜつ》されることからの保護」の二点をふくむ包括的《ほうかつてき》な概念《がいねん》であるとした。その後、国際社会における議論の深まりを受け、二〇一二年の国連総会で、人間の安全保障に関する総会決議が採《さい》択《たく》され、個々の人間を中心に据《す》える考えが国連内で主流となった。この流れに沿《そ》うかたちで二〇一五年に普遍的《ふへんてき》な開発目標として〈持続可能な開発目標（SDGs）〉が国連総会で採《さい》択《たく》。さらに、二〇二二年二月公表のUNDP特別報告書では、人間の安全保障への新たな脅《きょう》威《い》として〈技術〉〈暴力的紛争〉〈不平等〉〈保健〉の四つの脅威《きょうい》をあげ、これらに対処するため、「保護」と「能力強化」という人間の安全保障の二つの柱に加えて、「連帯」という第三の柱の必要性を提唱した（日本の外務省のホームページ参照）。

その後、一九九〇年代後半には、バルカン半島や旧ソビエト圏での紛争が終結したことで、紛争件数は約四〇％減少しましたが、九・一一〔二〇〇一年九月一一日に起きた米同時多発テロ事件〕以降にはふたたび武力紛争が増加する傾向が見られました。

現在、戦争の件数は一九九〇年代のピーク時よりも三分の一以上減少していますが、それでもなお、現在進行中の紛争は、第二次世界大戦後から一九五〇年代半《なか》ばまでに発生していた戦争件数の二倍以上にのぼり、ベトナム戦争の時期と同程度の数になっています。

また、国家間の戦争が減少する一方で、内戦の数は一九四五年以降増加しているようです。

スティーブン・ピンカー〔前出二一五ページ〕のような学者がいうように、これを「戦争が減少している世界（a world in which war is on the wane）」と表現するのは、むずかしいでしょう。国家が暴力の手段を完全に管理できなくなれば、その結果は悲惨《ひさん》なものになる可能性があるのです。

人が国家のために、あるいはテロリストの場合は国家に対してですが、集団的な暴力行為《こうい》に参加する理由とはなんでしょうか。

人が殺人を犯《おか》す普遍的《ふへんてき》な理由を考えることは、わたしたちに多くのことを教えてくれるわけではないかもしれません。日和見《ひよりみ》主義や出世主義、人種差別が動機であるかもしれませんし、名誉《めいよ》や倒錯《とうさく》した義務感が理由であるかもしれません。または宗教的あるいはイデオロギー的な信念にもとづくものか、あるいはこれらの要因が組み合わさっているのかもしれません。

歴史のなかでわたしたちが何世紀にもわたって目撃してきたことからすれば、すべての人間は、文化的、社会的、宗教的、政治的な背景がととのって条件が合致すれば、暴力行為《こうい》や、場合によっては残虐行為《ざんぎゃくこうい》をおこなう可能性を秘めているのです。


そしてこれは、たんに若い男性に限《かぎ》られた話ではなく、性別や年齢に関係なく起こりうることです。

強制収容所での女性看守《かんしゅ》の例を見てもわかるように、女性もまた男性と同様に残虐行為《ざんぎゃくこうい》をおこなうことができるのです。

女性がもし男性ほど大規模に暴力をふるわないとすれば、それは暴力がしばしば倒錯《とうさく》した「男らしさ」の概念《がいねん》と結びついているからだとわたしは考えます。

しかし、このように暴力性を秘めていてもなお、わたしたち人類は何世紀もかけて変わってきたのでしょうか。

それとも、殺人をおこなう能力は人類不変のものとして潜《ひそ》んでおり、条件が合致《がっち》さえすれば表面化してしまうものなのでしょうか。

Chapter

7

暴力の性質の変化

表面化しにくくなった暴力

社会構造的暴力や制度的暴力など、この短い入門書の性格上、どうしてもふれられなかった問題がいくつもあります。

階級、貧困、ジェンダー、人種といった社会的要因は根強い問題を引き起こし、身体的・精神的な暴力行為《こうい》へと発展する可能性があります。

歴史家のなかには、近代の経済、国家、礼儀作法《れいぎさほう》、科学が人類の暴力的な性質に長期的な影響をおよぼしたことをしめす実証的なエビデンス〔証拠《しょうこ》〕は存在しないと主張する人もいます。そして、対人暴力の性質そのものは本質的に変わっていないために、近代的な社会組織が発展するにつれて、むしろ集団的な残虐行為《ざんぎゃくこうい》の規模は劇的《げきてき》に拡大していると指摘《してき》しています。

しかし、国家建設が成功した場合、暴力の発生率は低くなる傾向があり、逆に国家建設が失敗すると、暴力の発生率が高くなる傾向があります。

また、国家の支配力が強化されていくにつれて、公開処刑のような一部の暴力が減少した一方で、家庭内暴力など別の形態の暴力が表面化しにくくなったという見方もあります。

さらに、世界のいくつかの国々では、ジェンダーにもとづく暴力や対人暴力が増加している兆候《ちょうこう》が見られます。

同時に、国連の二〇一六年の報告書によれば、過去三〇年間のどの時点よりも多くの国が暴力的な紛争を経験しているとされています。

これまで見てきたように、国家は暴力を減少させる一方で、二〇世紀において最悪の犯罪、たとえば強制収容所やグラーグでの人権侵害、さらには政治的・民族的「敵」の抹殺《まっさつ》といった行為《こうい》に関与する場合もあります。

また、二〇世紀の大量殺戮《さつりく》は、ひとつのイデオロギーや特定の国家形態にのみ原因があるわけではありません。民主主義国家も、全体主義国家と同様に、みずからの権威に対する脅威《きょうい》を暴力的に排除《はいじょ》しようとし、民族浄化《じょうか》やジェノサイドに加担《かたん》する可能性があるのです。

この傾向は、とくに一八世紀と一九世紀に顕著《けんちょ》でしたが、二〇世紀と二一世紀においては（今のところ）やや減少しています。

とはいえ、イデオロギーは第二次世界大戦における戦争目的において大きな役割をはたしました。共産主義、ファシズム、ナチズムといったイデオロギーは、戦争の遂行《すいこう》に深くかかわり、その結果として殺戮《さつりく》の規模に甚大《じんだい》な影響をおよぼしたのです。

暴力は公的な国家政策として引き起こされることもあれば、国家や当局がほとんど、あるいはまったく統制できない暴力的なコミュニティや準《じゅん》国家的集団によって実行されることもあります。

このような状況は、植民地時代の辺境地帯でよく見られましたが、戦争地帯でも同様に発生します。

たとえば、第二次世界大戦中の東部戦線や、一九四七年のインド分割がその典型です。インド分割のさいには、人類史上最大規模の移動が発生し、何百万人ものイスラム教徒が西パキスタン〔現在のパキスタン〕と東パキスタン〔現在のバングラデシュ〕に向かい、同じく何百万人ものヒンドゥー教徒やシク教徒が逆にインドへと向かいました。しかし、何十万人もの人びとが目的地にたどり着けず、命を落としました。

対人暴力についていえば、とくに家庭内暴力、児童虐待《ぎゃくたい》、性的暴行、レイプなどの「私的な」暴力を正確に測定することは不可能です。これらはほとんど報告されないか、大幅《おおはば》に過少報告されるためです。

現代の世界で暴力を経験するかどうか、あるいは暴力が時代とともに増加したのか減少したのかをどう考えるかは、人種、階級、性別に大きく依存します。白人で中流階級、ゆたかな社会に住んでいれば、一生のうちに一度も暴力に遭遇《そうぐう》しないこともありえます。しかし、それは世界の多くの地域ではあてはまりません。

現代の暴力

本書の最後に、現代の世界で新たにあらわれたさまざまな暴力の形態、かつては暴力と見なされなかったが今では暴力とされる行為《こうい》や制度について考えたいと思います。

その一例が「収監《しゅうかん》」です。通常、収監《しゅうかん》は暴力と見なされず、身体刑よりも人道的な罰《ばつ》と考えられがちですが、必ずしもそうとはかぎりません。

世界じゅうで約九〇〇万人から一〇〇〇万人が刑務所に収容されており、その半数は米国、中国、ロシアに集中しています。

これらの国々では、収容者が劣悪《れつあく》な環境におかれているため、心身の健康が損《そこ》なわれることが多く、刑務所内では身体的および性的な暴力がひんぱんに発生する傾向にあります。

また、オーストラリア、英国、フランス、米国などの西側諸国では、少数民族が収監《しゅうかん》者の割合や警察による死亡者数でしばしば過剰《かじょう》な割合を占めていることが指摘《してき》されています。

とくにオーストラリアでは、先住民の収監《しゅうかん》率が世界で最も高く、少数民族が過剰《かじょう》に収容されている実態が問題視されています。

次に人身売買です。現代の人身売買は、通常は一生にわたるものではなく、移民の動きとの関連でも考えなければなりませんが、いずれにせよ、きわめて悪質な暴力のひとつとされています。

国際労働機関（ＩＬＯ）と**ウォークフリー財団**（Walk Free Foundation）の最新統計によると、現在、世界には「詐欺《さぎ》や暴力の脅《おど》しによって、最低限の生活費以上の報酬《ほうしゅう》もなく、強制的に働かされている」人びとが四〇〇〇万人以上存在しています。これはＩＬＯが「グローバリゼーションの裏側（underside of globalization）」とよんでいる現象です。

その内訳《うちわけ》は、約三〇％が性的搾取《さくしゅ》のために人身売買され、残りの七〇％が強制労働に従事させられているという状況です。

現代における奴隷制《どれいせい》と人身売買の推定人数は、推計方法や奴隷《どれい》の定義によって異《こと》なりますが、全世界で男性、女性、子どもを合わせて一億人に達する可能性もあるといわれています。

国際労働機関（International Labour Organization）　労働条件の改善や基本的人権の確立などを目的として、一九一九年に設立された国際機関。本部はジュネーブ（スイス）。日本は一九五一年に再加盟。

ウォークフリー財団　オーストラリア西部の中心都市パースに拠点《きょてん》をおく国際的な人権団体。国際社会のあちこちで根強く残る現代の奴隷制《どれいせい》の廃絶《はいぜつ》を目標として設立。

しかし、その正確な数は不明です。

人身売買の多くはアジア、とくにカンボジア、中国、ラオス、ミャンマー、タイ、ベトナムの**大《だい》メコン地域**（Greater Mekong region）で発生しています。

奴隷《どれい》制度が現代においても拡大していることに疑いの余地《よち》はなく、今日《こんにち》の世界には、かつての**大西洋奴隷《どれい》貿易**全体をつうじて存在していたよりも多くの奴隷《どれい》がいるとされています。

これは、安価な商品や安価な性的サービスを求める世界的な消費者需要《じゅよう》に応じて、時代とともにかたちを変えつつ存続しているのです。


また、性的表現による暴力は、ビデオゲームや仮想空間で顕著《けんちょ》な特徴となっています。そして、ウェブ上では虐待的《ぎゃくたいてき》な行為《こうい》が蔓延《まんえん》しており、その対象は女性に限《かぎ》りませんが、女性が標的になる場合には、暴力やレイプ、そのほかの身体的攻撃の脅迫《きょうはく》がともなうことが一般的です。

インターネットでは、匿名性《とくめいせい》を利用して公然と人を辱《はずかし》めたり、恥《はじ》をかかせたりする行為《こうい》が日常化していますが、女性への暴力も同じく変化している

大メコン地域　「世界の屋根」チベット高原を源流とし東南アジアを流れるメコン川の流域にある地域。同地域の六か国は中国・北京《ペキン》で「人身売買とたたかうメコン地域閣僚《かくりょう》会議」第二回の会合を二〇〇七年末にもち、共同声明と署名《しょめい》をおこなった。同時期の中国の『人民《じんみん》日報《にっぽう》』によると、中国ではその前年（二〇〇六年）に二五〇〇件もの人身売買に関連した犯罪が発覚していたという。

大西洋奴隷貿易　ヨーロッパとアフリカ西部、さらに大西洋をまたいで南米および北米大陸をつなぐかたちでおこなわれた貿易で、アフリカからアメリカ大陸へ奴隷《どれい》が、南米・北米大陸からヨーロッパへ砂糖《さとう》や綿《めん》が船で運ばれた。

ということなのです。

かつての公開処刑や公《おおやけ》の場での辱《はずかし》めは消え去ったわけではなく、新しいかたちをとって存続しているというわけです。

男性もネット上で嫌《いや》がらせを受けることはありますが、圧倒的に標的にされやすいのは女性です。女性が受ける虐待《ぎゃくたい》には性差別や女性嫌悪《けんお》の要素が含《ふく》まれることが多く、女性に対する脅迫《きょうはく》は、しばしば性的な内容をともない、具体的に女性の身体についての話題にふれることも少なくありません。

アムネスティ・インターナショナルの調査によれば、黒人女性はとくに標的とされやすく、いかがわしいツイートで言及《げんきゅう》される確率が白人女性にくらべて八四%も高いとされています。また、有色人種の女性もこうしたツイートで言及《げんきゅう》されやすい傾向にあります。しかし、ツイッター社〔現在はX〕はこうしたデータを提供しておらず、虐待《ぎゃくたい》の規模については正確にはわかっていません。

なぜこうした問題が重要なのでしょうか。

それは、「リベンジポルノ」やサイバーハラスメント〔ネット空間でのいやがらせ〕、粘着的《ねんちゃくてき》な**トローリング**などが、被害者に不安やうつ、PTSDといった心理的影響をあたえ、さらには薬物やアルコールの乱用、自傷行為《こうい》、自殺といった深刻な結果をもたらす可能性があるからです。

きわめて暴力的なビデオゲームや、映画における「拷問《ごうもん》ポルノ」とよばれるものについても同じことがいえるでしょうか。

映像メディアでは、物語上は不必要な、性的要素をともなう過激な暴力表現があり、それらは年々頻度《ひんど》も残酷《ざんこく》さも増してきています。これは、人間の本質にある矛盾《むじゅん》の一部です。わたしたちは現実の暴力に嫌悪感《けんおかん》をいだく一方で、想像上の暴力には興奮《こうふん》をおぼえることもあるのです。

しかし、これは文化と脳や生物学、行動のあいだにある相互作用《そうごさよう》とも関係しています。

ここで**神経歴史学**《ニューロヒストリー》(neurohistory)がひとつの道筋をしめしてくれるかもしれません。

神経歴史学は、感情が神経化学反応に影響をあたえうるという前提にもと

トローリング(trolling) インターネット上での嫌《いや》がらせ。ソーシャルメディアなどで辛辣《しんらつ》なコメントを何度も投稿《とうこう》したり、意味不明なコメントをくり返し送るなどして、ほかの人たちのやりとりの邪魔《じゃま》する、いわゆる「荒《あ》らし」などのこと。「ネット・トローリング」「インターネット・トロール」ともいう。

神経歴史学 神経科学の進歩を活用した歴史の再構築の試《こころ》み。人間の感情面にスポットをあて、過去における暗黙《あんもく》の事実など見すごされがちな部分をさぐる。ハーバード大学のダニエル・ロード・スマイル(Daniel Lord Smail)教授が著書『脳とディープ・ヒストリー』ではじめて提唱したのがはじまりとされる。

づいています。わたしたちがおこなうこと、見ること、体験することが気分に影響をおよぼしうる、すなわち文化がわたしたちの心理に影響をあたえうる（おそらくその逆もありうる）という事実そのものが、このアプローチの核《かく》心《しん》にあります。そして、なぜ、どのようにこうしたことが起こりうるのかを考えるきっかけをわたしたちにもたらしてくれます。

スローバイオレンス

わたしたちは、暴力の歴史的な検証を人間が環境や動物に対しておこなってきたこと、そして現在もおこなっていることにまで広げることができます。人間が引き起こした環境災害や動物の大量絶滅は「スローバイオレンス（緩慢《かんまん》な暴力）」とよばれ、これは急激で劇的《げきてき》な暴力ではなく、じわじわと進行するものです。

このスローバイオレンスは、一種の構造的な暴力であり、しばしば戦争のような劇的《げきてき》な暴力を引き起こす背景にもなります。また、世界各地で「エコサイド（生態系破壊）」と「ジェノサイド（大量虐殺《ぎゃくさつ》）」が関連している場合もあります。

現在、人間の消費のために殺される動物の数は人類史上かつてないほど多く、海洋資源の枯渇《こかつ》も加速しています。

環境への意識が高まるにつれ、工業的な動物飼育《しいく》や、消費を目的とした野生動物の殺害も暴力の一形態として認識されつつあります。

世界じゅうで毎年どれほどの家畜が殺されているのか、正確な統計を得《え》ることはむずかしいですが、二〇〇四年の国連食糧《しょくりょう》農業機関（FAO）の推定によれば、毎年、工業的な動物処理施設で何億頭もの動物（ウマ、ヒツジ、ウシ、ヤギ、七面鳥、ウサギ）や、何十億羽ものアヒルやニワトリが殺されています。

暴力とどう向き合うか

どのようなかたちの暴力に直面するにせよ、社会的・政治的な変革は、正確で豊富な統計データの充実によってのみ実現可能であり、そのデータが広く社会意識の変化をうながす基盤《きばん》となります。

そして、社会意識の高まりが運動を引き起こし、人びとの態度を変えることで、結果としてより非暴力的な世界への道が開かれるのです。

いいかえれば、わたしたちが暴力とどう向き合うか、なにを記憶し、なにを忘れるか、なにを緊急の社会的・政治的課題として注目し、なにを無視するかという選択は、文化的・政治的・社会的に、つねに変化しつづける現象なのです。

しかし、もうひとつ、人類の歴史において変わらないのは、公《おおやけ》に認められているか否《いな》かにかかわらず、個人、地域社会、国家レベルでの暴力の痕跡《こんせき》が絶えず残りつづけるという事実です。

プリーモ・レーヴィ(Primo Levi)がいみじくも語ったように、暴力の傷跡《きずあと》は人びとの心に深く刻《きざ》まれるか、あるいは公《おおやけ》の場で語りつがれるかたちで残ります。こうして、暴力がなげかける忌《い》まわしい影《かげ》は、けっして消えることなくわたしたちの記憶にとどまりつづけるのです。

プリーモ・レーヴィ(一九一九〜一九八七) イタリアの化学者・作家。アウシュヴィッツからの生還者で、その体験記『これが人間か(Se questo è un uomo)』(邦訳《ほうやく》は朝日新聞出版刊)で世界的に知られる。

Benjamin Madley, 'Patterns of Frontier Genocide 1803–1910: The Aboriginal Tasmanians, the Yuki of California, and the Herero of Namibia〔フロンティアにおける大量虐殺のパターン1803～1910年――タスマニア原住民、カリフォルニアのユキ族、ナミビアのヘレロ族〕', *Journal of Genocide Research*, 6/2 (2004), 167–92.

Michael Mann, *The Dark Side of Democracy: Explaining Ethnic Cleansing*〔民主主義のダークサイド――民族浄化の説明〕 (Cambridge: Cambridge University Press, 2005).

M. M. Manring et al., 'Treatment of War Wounds: A Historical Review〔戦争の傷の治療――歴史的考察〕', *Clinical Orthopaedics and Related Research*, 467/8 (2009), 2168–91.

Thomas Nagel, 'Moral Luck〔道徳的な運〕', in George Sher (ed.), *Moral Philosophy: Selected Readings*〔道徳哲学――読書選集〕 (Fort Worth: Harcourt Brace College Publishers, 1996), 441–52.

Amanda Nettelbeck, 'Flogging as Judicial Violence: The Colonial Rationale of Corporal Punishment〔司法の暴力としての鞭《むち》打《う》ち：植民地における体罰の合理性〕', in Philip Dwyer and Amanda Nettelbeck (eds), *Violence, Colonialism and Empire in the Modern World*〔現代世界における暴力、植民地主義、帝国〕 (Cham: Palgrave Macmillan, 2017), 111–30.

Richard N. Price, 'The Psychology of Colonial Violence〔植民地における暴力の心理学〕', in Philip Dwyer and Amanda Nettelbeck (eds), *Violence, Colonialism and Empire in the Modern World*〔現代世界における暴力、植民地主義、帝国〕 (Cham: Palgrave Macmillan, 2017), 25–52.

Jacques Sémelin, *Purify and Destroy: The Political Uses of Massacre and Genocide*〔浄化と破壊――虐殺とジェノサイドの政治的利用〕, translated by Cynthia Schoch (New York: Columbia University Press, 2007).

Patrick Wolfe, 'Settler Colonialism and the Elimination of the Native〔入植者の植民地主義と先住民の排除〕', *Journal of Genocide Research*, 8/4 (2006), 387–409.

V. A. C. Gatrell, *The Hanging Tree: Execution and the English People, 1770–1868*〔首吊《くびつ》りの木――処刑と英国人、1770～1868年〕(Oxford: Oxford University Press, 1996).

Lela Graybill, *The Visual Culture of Violence after the French Revolution*〔フランス革命後の暴力の視覚文化〕(Farnham: Ashgate, 2016).

Mark Juergensmeyer, *God at War: A Meditation on Religion and Warfare*〔戦争する神――宗教と戦争についての黙想〕(New York: Oxford University Press, 2020).

Randall McGowen, '"Making Examples" and the Crisis of Punishment in Mid-Eighteenth-Century England〔18世紀半ばの英国における「見せしめ」と刑罰の危機〕', in David Lemmings (ed.), *The British and their Laws in the Eighteenth Century*〔18世紀の英国とその法律〕(London: Boydell and Brewer, 2005), 182–205.

Chapter 5: Collective and communal violence

Micah Alpaugh, *Non-Violence and the French Revolution: Political Demonstrations in Paris, 1787–1795*〔非暴力とフランス革命――パリの政治デモ 1878～1795年〕(Cambridge: Cambridge University Press, 2015).

William Beik, 'The Violence of the French Crowd from Charivari to Revolution〔シャリヴァリから革命までのフランス群集の暴力〕', *Past & Present*, 197 (2008), 75–110.

Gema Kloppe-Santamaría, 'Lynching and the Politics of State Formation in Post-Revolutionary Puebla (1930s–50s)〔革命後プエブラにおけるリンチと国家形成の政治学(1930年代～50年代)〕', *Journal of Latin American Studies*, 51/3 (2019), 499–521.

Charles Tilly, 'Collective Violence in European Perspective〔ヨーロッパから見た集団的暴力〕', in Ted Robert Gurr (ed.), *Violence in America: Protest, Rebellion, Reform*〔米国の暴力――抗議、反乱、改革〕, 2 vols (Newbury Park, Calif.: SAGE, 1989), ii. 62–100.

Chapter 6: Violence and the state

Noam Chomsky, 'Terrorism, American Style〔米国式テロリズム〕', *World Policy Journal*, 24/1 (1 March 2007), 44–5.

Mark Cooney, 'From Warre to Tyranny: Lethal Conflict and the State〔戦争から専制政治へ――致命的な紛争と国家〕', *American Sociological Review*, 62 (1997), 316–38.

Robert Gerwarth, *Hitler's Hangman: The Life of Heydrich*〔ヒトラーの絞首人――ハイドリヒの生《しょう》涯《がい》〕(New Haven: Yale University Press, 2012).
※邦訳書《ほうやくしょ》『ヒトラーの絞首人ハイドリヒ』(ロベルト・ゲルヴァルト著／宮下嶺《みやしたみね》夫《お》訳／白水社 2016年)

Jonas Kreienbaum, 'Deadly Learning? Concentration Camps in Colonial Wars Around 1900〔致命的な学び? 1900年前後の植民地戦争における強制収容所〕', in Volker Barth and Roland Cvetkovski (eds), *Imperial Co-operation and Transfer, 1870–1930: Empires and Encounters*〔帝国の協力と転移 1870～1930年――帝国と出会い〕(London: Bloomsbury Academic, 2015), 219–36.

B. H. Liddell Hart, 'Gas in Warfare, More Humane than Shells〔砲弾よりも人道的な、戦争におけるガス〕', *Daily Telegraph*, 15 June 1926.

sity Press, 1998).

Lisa Hajjar, 'Religion, State Power, and Domestic Violence in Muslim Societies: A Framework for Comparative Analysis〔イスラム社会における宗教、国家権力、家庭内暴力——比較分析の枠組み〕', *Law & Social Inquiry*, 29/1 (Winter 2004), 1–38.

Michelle T. King, *Between Birth and Death: Female Infanticide in Nineteenth-Century China*〔誕生と死のあいだ——19世紀中国における女性の乳児殺し〕(Stanford, Calif.: Stanford University Press, 2014).

J. Robert Lilly, *Taken by Force: Rape and American GIs in Europe During World War II*〔強制連行——第二次世界大戦中のヨーロッパにおけるレイプと米兵〕(Basingstoke: Palgrave Macmillan, 2007).

Amy Dellinger Page, 'Gateway to Reform? Policy Implications of Police Officers' Attitudes Towards Rape〔改革への入口? レイプに対する警察官の態度の政策的意味合い〕', *American Journal of Criminal Justice*, 33/1 (May 2008), 44–58.

Chapter 3: Interpersonal violence

Mark Cooney, 'The Decline of Elite Homicide〔エリートによる殺人の減退〕', *Criminology*, 35/3 (1997), 381–407.

Arne Jansson, *From Swords to Sorrow: Homicide and Suicide in Early Modern Stockholm*〔剣から悲しみへ——近世ストックホルムにおける殺人と自殺〕(Stockholm: Almqvist & Wiksell, 1998).

Randolph Roth, *American Homicide*〔米国の殺人事件〕(Cambridge, Mass.: Belknap Press of Harvard University Press, 2009).

James Sharpe, *A Fiery & Furious People: A History of Violence in England*〔激しく怒り狂う人びと——イングランドにおける暴力の歴史〕(London: Random House, 2016).

Gerd Schwerhoff, 'Criminalized Violence and the Process of Civilisation: A Reappraisal〔犯罪化された暴力と文明の過程——再評価〕', *Crime, Histoire & Sociétés/Crime, History & Societies*, 6/2 (2002), 103–26.

Robert Shoemaker, 'The Decline of Public Insult in London, 1660–1800〔ロンドンにおける公的侮辱の衰退 1660〜1800年〕', *Past and Present*, 69/1 (2000), 97–131.

Richard Slotkin, *Regeneration through Violence: The Mythology of the American Frontier 1600–1860*〔暴力による再生——アメリカ開拓の神話 1600〜1860年〕(Middletown, Conn.: Wesleyan University Press, 1973).

Pieter Spierenburg, *A History of Murder: Personal Violence in Europe from the Middle Ages to the Present*〔殺人の歴史——中世から現代までのヨーロッパにおける個人的暴力〕(Cambridge: Polity, 2008).

Chapter 4: The sacred and the secular

Marcus A. Doel, *Geographies of Violence: Killing Space, Killing Time*〔暴力の地理学——殺《さつ》戮《りく》の空間、殺戮《さつりく》の時間〕(Los Angeles: SAGE, 2017).

参考文献

Chapter 1: Violence past and present

Warren Brown, *Violence in Medieval Europe*〔中世ヨーロッパにおける暴力〕(Harlow: Longman Pearson, 2011).

D. R. Carrier and M. H. Morgan, 'Protective Buttressing of the Hominin Face〔ヒトの顔の保護強化〕', *Biological Reviews*, 90 (2015), 330–46.

Francisca Loetz, *A New Approach to the History of Violence: 'Sexual Assault' and 'Sexual Abuse' in Europe, 1500–1850*〔暴力の歴史への新たなアプローチ――ヨーロッパにおける「性的暴行」と「性的虐待」1500～1850年〕(Leiden: Brill, 2015).

Hisashi Nakao〔中尾 央《ひさし》〕, Kohei Tamura〔田村 光平〕, Yui Arimatsu〔有松 唯〕, Tomomi Nakagawa〔中川 朋美〕, Naoko Matsumoto〔松本 直子〕, and Takehiko Matsugi〔松木 武彦〕, 'Violence in the Prehistoric Period of Japan: The Spatio-temporal Pattern of Skeletal Evidence for Violence in the Jomon Period〔日本の先史時代における暴力――縄文時代における暴力をしめす骨格の時空間的パターン〕', *Biology Letters*, 1 March 2016, <https://doi.org/10.1098/rsbl.2016.0028>.

Pieter Spierenburg, 'Violence: Reflections about a Word〔暴力――用語についての考察〕', in Sophie Body-Gendrot and Pieter Spierenburg (eds), *Violence in Europe: Historical and Contemporary Perspectives*〔ヨーロッパにおける暴力――歴史的・現代的視点〕(New York: Springer, 2008), 13–25.

Chapter 2: Intimate and gendered violence

Goerge K. Behlmer, 'Deadly Motherhood: Infanticide and Medical Opinion in Mid-Victorian England〔致命的な母性――ヴィクトリア朝中期のイギリスにおける乳児殺しと医学的見解〕', *Journal of the History of Medicine and Allied Sciences*〔医学関連科学史ジャーナル〕, 344 (October 1979), 403–27.

Joanna Bourke, *Rape: A History from the 1860s to the Present*〔レイプ――1860年代から現在までの歴史〕(London: Virago, 2007).

Joanna Bourke, 'The Rise and Rise of Sexual Violence〔性的暴力の台頭と増加〕', in Philip Dwyer and Mark Micale (eds), *The Darker Angels of our Nature: Refuting the Pinker Theory of History and Violence*〔わたしたちの本性の闇《やみ》の天使――歴史と暴力に関するピンカー理論への反論〕(London: Bloomsbury Academic, 2021).

Shani D'Cruze, *Crimes of Outrage: Sex, Violence and Victorian Working Women*〔憤怒の罪――セックス、暴力、ヴィクトリア朝の働く女性たち〕(DeKalb, Ill.: Northern Illinois Univer-

植民地主義と暴力に関する文献は広範《こうはん》におよぶが、通常は特定の地域や帝国に焦点をあてている。代表的な例としては以下が挙げられる。

Adam Hochshild, *King Leopold's Ghost: A Story of Greed, Terror and Heroism in Colonial Africa*〔レオポルド王の亡霊《ぼうれい》——植民地アフリカにおける貪欲《どんよく》、恐怖、そしてヒロイズムの物語〕(Boston: Houghton Mifflin, 1999)

Mike Davis, *Late Victorian Holocausts: El Niño Famines and the Making of the Third World*〔ヴィクトリア朝《ちょう》後期のホロコースト——エルニーニョによる飢饉《ききん》と第三世界の形成〕(London: Verso, 2002)

J. P. Daughton, *In the Forest of No Joy: The Congo–Océan Railroad and the Tragedy of French Colonialism*〔喜びなき森にて——コンゴ・オセアン鉄道とフランス植民地主義の悲劇〕(New York: W. W. Norton, 2021)

Caroline Elkins, *Legacy of Violence: A History of the British Empire*〔暴力の遺産——大英帝国の歴史〕(New York: Knopf Doubleday, 2022)

テロに関する包括的《ほうかつてき》な調査については以下を参照。

C. Rapoport (ed.〔編〕), *Terrorism: Critical Concepts in Political Science*, 4 vols〔テロリズム——政治学における重要概念《がいねん》 第4巻〕(New York: Routledge, 2006)

Bruce Hoffman's *Inside Terrorism*〔テロリズムの内側〕(New York: Columbia University Press, 2006)

Carola Dietze and Claudia Verhoeven (eds〔編〕), *The Oxford Handbook of the History of Terrorism*〔オックスフォード・ハンドブック　テロリズムの歴史〕(Oxford: Oxford University Press, 2014).

米国における投獄《とうごく》については以下を参照。

Elizabeth Hinton, *From the War on Poverty to the War on Crime: The Making of Mass Incarceration in America*〔貧困との戦いから犯罪との戦いへ——米国における大量投獄《とうごく》の形成〕(Cambridge, Mass.: Harvard University Press, 2016).

エコサイドとジェノサイドの関係については以下を参照。

Emmanuel Kreike, *Scorched Earth: Environmental Warfare as a Crime against Humanity and Nature*〔焦《こ》げる地球——人類と自然に対する犯罪としての環境戦争〕(Princeton: Princeton University Press, 2021)

現代の奴隷《どれい》制度について以下を参照。

Kevin Bales, *Disposable People: New Slavery in the Global Economy*〔使い捨てにされる人びと——グローバル経済における新たな奴隷《どれい》制〕(Berkeley: University of California Press, 1999).

(New York: Liveright, 2021)

戦争における暴力の減少については以下を参照。

Joshua S. Goldstein, *Winning the War on War: The Decline of Armed Conflict Worldwide*〔戦争に対する戦争に勝利する——世界における武力紛争の減少〕(New York: Dutton, 2011)

戦争における民間人への爆撃については以下を参照。

A. C. Grayling, *Among the Dead Cities: Is the Targeting of Civilians in War Ever Justified?*〔死の街で——戦争で民間人を標的にすることは正当化されるか?〕(London: Bloomsbury, 2006); and more generally, Alexander B. Downes, *Targeting Civilians in War* (Ithaca, NY: Cornell University Press, 2012)

強制収容所については以下を参照。

Dan Stone, *Concentration Camps: A Short History*〔強制収容所 略史〕(Oxford: Oxford University Press, 2017)

ロシアのグラーグ(収容所)システムのくわしい分析は以下のなかにある。

Anne Applebaum, *Gulag: A History*〔グラーグ史〕(New York: Doubleday, 2003)

あるいは、最近物議《ぶつぎ》を醸《かも》した改訂版に以下がある。

Golfo Alexopoulos, *Illness and Inhumanity in Stalin's Gulag*〔スターリンのグラーグにおける病《びょう》理《り》と非人間性〕(New Haven: Yale University Press, 2017)

ナチスの収容所システムは以下によって徹底的に扱われている。

Nikolaus Wachsmann, *KL※: A History of the Nazi Concentration Camps*〔KL※——ナチ強制収容所の歴史〕(New York: Farrar, Straus & Giroux, 2016)

［※KLは「強制収容所」の略。ただし、ドイツ語〈Konzentrationslager〉の略語はドイツではKZ(カー・ツェット)が一般的］

ジェノサイドに関する文献は膨大《ぼうだい》だが、以下で概要《がいよう》を知ることができる。

D. Weitz, *A Century of Genocide: Utopias of Race and Nation*〔ジェノサイドの世紀——人種と国家のユートピア〕(Princeton: Princeton University Press, 2003)

Benjamin A. Valentino, *Final Solutions: Mass Killing and Genocide in the Twentieth Century*〔最終的解決——20世紀における大量殺戮《さつりく》と大量虐殺《ぎゃくさつ》〕(Ithaca, NY: Cornell University Press, 2004)

体罰《たいばつ》に関しては、すばらしく、かつ簡潔な概説《がいせつ》が以下のなかにある。

Guy Geltner, *Flogging Others: Corporal Punishment and Cultural Identity from Antiquity to the Present*〔他者に鞭《むち》打《う》つ——古代から現代までの体罰《たいばつ》と文化的アイデンティティ〕(Amsterdam: Amsterdam University Press, 2014)

スペクタクル——処刑と抑圧《よくあつ》の進化——産業革命以前のメトロポリスからヨーロッパの経験へ〕(Cambridge: Cambridge University Press, 2008).

宗教と暴力については以下のエッセイ集がよい出発点である。

Mark Juergensmeyer, Margo Kitts, and Michael Jerryson (eds), *The Oxford Handbook of Religion and Violence*〔オックスフォード・ハンドブック　宗教と暴力〕(Oxford: Oxford University Press, 2016), is a good starting point.

過激派の暴力と宗教の関係については以下を参照。

Mark Juergensmeyer, *Terror in the Mind of God: The Global Rise of Religious Violence*〔神の心のなかの恐怖——宗教的暴力の世界的台頭〕(Berkeley: University of California Press, 2003).

焼身自殺については以下を参照。

K. M. Fierke, *Political Self-Sacrifice: Agency, Body and Emotion in International Relations*〔政治的な自己犠牲《じこぎせい》——国際関係における仲介《ちゅうかい》と身体と感情〕(Cambridge: Cambridge University Press, 2013)

チャールズ・ティリーの集団的暴力に関する研究については以下を参照。

Charles Tilly, *Collective Violence*〔集団的暴力〕(Cambridge: Cambridge University Press, 2003) is a classic

革命の概要《がいよう》については以下を参照。

Jack A. Goldstone, *Revolutions: A Very Short Introduction* (Oxford: Oxford University Press, 2114)

ロシアのポグロムについては以下を参照。

Elissa Bempora, *Legacy of Blood: Jews, Pogroms, and Ritual Murder in the Lands of the Soviets*〔血の遺産——ソビエトの大地におけるユダヤ人とポグロム、そして儀式的殺人〕(New York: Oxford University Press, 2019)

米国におけるリンチに関する文献の包括的《ほうかつてき》なレビューは以下を参照。

Michael J. Pfeifer, 'At the Hands of Parties Unknown? The State of the Field of Lynching Scholarship〔未知なる当事者の手によってか? リンチ研究の現状〕', *Journal of American History*※, 101/3 (2014), 831–46〔※米国歴史家協会がオックスフォード大学出版局をつうじて発行する季刊誌〕

米国における黒人の反乱については以下を参照。

Peter Levy, *The Great Uprising: Race Riots in Urban America during the 1960s*〔偉大なる蜂起《ほうき》——1960年代の米国都市部における人種暴動〕(Cambridge: Cambridge University Press, 2018)

Elizabeth Hinton, *America on Fire: The Untold History of Police Violence and Black Rebellion since the 1960s*〔炎の米国——1960年代以降の警察暴力と黒人反乱の知られざる歴史〕

Philip Dwyer, 'Violent Death〔暴力死〕', in Peter N. Stearns (ed.), *The Routledge History of Death Since 1800*〔ラウトレッジ・ヒストリー　1800年以降の死〕(New York: Routledge, 2020), 63–76

なお、さらにくわしい文献リストは、前出『ケンブリッジ　暴力の世界史』(*Cambridge World History of Violence*)第3巻および第4巻、シュピーレンブルクの章に掲載されている。

くり返しになるが、殺人に関する文献はたいてい国別である。ヨーロッパにおける殺人史の数量的な側面については以下を参照。

Manuel Eisner, 'Long-Term Historical Trends in Violent Crime〔暴力犯罪の長期的な歴史的傾向〕', *Crime and Justice*※, 30 (2003), 83–142　〔※シカゴ大学出版局が発行する犯罪関連の専門誌〕

自殺については以下を参照。

Marzio Barbagli, *Farewell to the World: A History of Suicide*〔この世界よ、さようなら——自殺の歴史〕(Cambridge: Polity, 2015)

冷戦時代、とくにアルゼンチンにおける拷問《ごうもん》と失踪者《しっそうしゃ》の歴史については以下を参照。

James P. Brennan, *Argentina's Missing Bones: Revisiting the History of the Dirty War*〔アルゼンチンの消えた骨——汚れた戦争の歴史を再考する〕(Berkeley; University of California Press, 2018)

Federico Finchelstein, *The Ideological Origins of the Dirty War: Fascism, Populism, and Dictatorship in Twentieth Century Argentina*〔汚職戦争のイデオロギー的起源——20世紀アルゼンチンにおけるファシズム、ポピュリズム、独裁政治〕(Oxford: Oxford University Press, 2014)

拷問《ごうもん》についてのより一般的な解説は以下を参照。

J. Jeremy Wisnewski, *Understanding Torture*〔拷問《ごうもん》を理解する〕(Edinburgh: Edinburgh University Press, 2010)

拷問《ごうもん》について、米国に焦点をあてたものとしては以下を参照。

W. Fitzhugh Brundage, *Civilizing Torture: An American Tradition*〔拷問《ごうもん》の文明化——米国の伝統〕(Cambridge, Mass.: Harvard University Press, 2018).

イングランドの犯罪と刑罰《けいばつ》の歴史については以下を参照。

James Sharpe, *A Fiery & Furious People: A History of Violence in England*〔激怒する人びと——イングランド暴力史〕(London: Random House, 2016)

ヨーロッパにおける死刑の歴史については以下を参照。

Richard Evans, *Rituals of Retribution: Capital Punishment in Germany, 1600–1987*〔報復の儀式——ドイツにおける極刑《きょっけい》 1600～1987年〕(Oxford: Oxford University Press, 1996)

Pieter Spierenburg, *The Spectacle of Suffering: Executions and the Evolution of Repression: From a Preindustrial Metropolis to the European Experience*〔苦しみの

同様に、このトピックを包括的《ほうかつてき》に紹介しているものに以下のものがある。

The Routledge Handbook of Gender and Violence〔ラウトレッジ※・ハンドブック　ジェンダーと暴力〕, edited by Nancy Lombard (London: Routledge, 2018)〔※ラウトレッジ社は英国の大手出版社〕

The Oxford Handbook of Gender, Sex, and Crime〔オックスフォード・ハンドブック　ジェンダーとセックスと犯罪〕, edited by〔による編集〕Rosemary Gartner and Bill McCarthy (Oxford: Oxford University Press, 2014)

レイプの歴史はしばしばヨーロッパに限られている。バーク(Bourke)以外は以下を参照。

Georges Vigarello, *A History of Rape: Sexual Violence in France from the 16th to the 20th Century*〔レイプの歴史——16世紀から20世紀のフランスにおける性的暴力〕, trans.〔翻訳〕Jean Birrell (Malden, Pa: Polity Press, 2001)

子どもへの性的暴力はヴィクトリア期が最盛で、以下はその最良の概説書である。

Louise A. Jackson, *Child Sexual Abuse in Victorian England*〔ヴィクトリア期イングランドの児童性的虐待《ぎゃくたい》〕(London: Routledge, 2000)

米国については以下を参照。

Stephen Robertson, *Crimes against Children: Sexual Violence and Legal Culture in New York City, 1880–1960*〔ニューヨーク市における性的暴力と法文化 1880〜1960年〕(Chapel Hill, NC: The University of North Carolina Press, 2005)

乳児殺しについては以下を参照。

Mark Jackson (ed.), *Infanticide: Historical Perspectives on Child Murder and Concealment, 1550–2000*〔乳児殺し——子どもの殺害と隠蔽《いんぺい》に関する歴史的視点 1550〜2000年〕(Aldershot: Ashgate, 2002)

男性間レイプを除外すればの話だが、戦時レイプの分野は現在よく研究されている。

Dagmar Herzog (ed.), *Brutality and Desire: War and Sexuality in Europe's Twentieth Century*〔残忍《ざんにん》さと欲望——ヨーロッパの20世紀における戦争とセクシュアリティ〕(Basingstoke: Palgrave Macmillan, 2011)

Edward B. Westermann, *Drunk on Genocide: Alcohol and Mass Murder in Nazi Germany*〔ジェノサイドに酔《よ》う——ナチス・ドイツにおけるアルコールと大量殺人〕(Ithaca, NY: Cornell University Press, 2021)

Yuki Tanaka, *Japan's Comfort Women: Sexual Slavery and Prostitution During World War II and the US Occupation*〔日本の慰安婦——第二次世界大戦と米国占領下の性的奴隷《どれい》と売春〕(London: Routledge, 2002)

Dara Kay Cohen, *Rape during Civil War*〔南北戦争中のレイプ〕(Ithaca, NY: Cornell University Press, 2016).

殺人に関する議論およびアプローチの概要《がいよう》は、参考文献でとりあげたシュピーレンブルク(Spierenburg)とロス(Roth)のほかは、以下を参照。

さらに読みたい読者に

暴力の歴史に関する著作は、このテーマへの関心の高まりを反映して近年とても増えている。以下は全4巻で、うち第4巻が現代社会についてふれている。この分野への格好《かっこう》の入門書であり、各章に「さらに読むべき本」が紹介されている。

Cambridge World History of Violence〔ケンブリッジ　暴力の世界史〕(Cambridge: Cambridge University Press, 2020), edited by Philip Dwyer and Joy Damousi

以下は、歴史における暴力に関連するいくつかの問題を記述・概観《がいかん》する。

Dwyer's 'Violence and its Histories: Meanings, Methods, Problems〔暴力とその歴史——意味、方法、問題〕', *History & Theory*〔歴史と理論〕, 56/4 (2017), 5–20

Peter Imbusch, 'The Concept of Violence〔暴力の概念〕' は、さまざまなアプローチやテーマに関連する章がある以下に所収されている。

Wilhelm Heitmeyer and John Hagan (eds), *International Handbook of Violence Research*, 2 vols〔暴力研究のインターナショナル・ハンドブック 全2巻〕(Dordrecht: Kluwer Academic, 2003), i. 13–39

暴力に関するすぐれた社会学的概観《がいかん》については以下を参照。

Siniša Malešević, *The Rise of Organised Brutality: A Historical Sociology of Violence*〔組織的残虐性《ざんぎゃくせい》の台頭——暴力の歴史社会学〕(Cambridge: Cambridge University Press, 2017)

以下は、先史時代の戦争と暴力をめぐる議論のひじょうによい要約である。

Andrea Dolfini, Rachel J. Crellin, Christian Horn, and Marion Uckelmann, 'Interdisciplinary Approaches to Prehistoric Warfare and Violence: Past, Present, and Future〔先史時代の戦争と暴力への学際的アプローチ——過去・現在・未来〕' は以下に所収。

A. Dolfini et al. (eds)〔ほか編集〕, *Prehistoric Warfare and Violence*〔先史時代の戦争と暴力〕(Berlin: Springer, 2018), 1–18

過去がどれほど暴力的だったかの議論については以下のエッセイ集を参照。暴力に関する最近の著作のくわしい参考文献も掲載している。

Philip Dwyer and Mark Micale, *The Darker Angels of our Nature: Refuting the Pinker Theory of History and Violence*〔私たちの本性の闇《やみ》の天使——歴史と暴力に関するピンカー理論への反論〕(London: Bloomsbury Academic, 2021)

や行

ら行

わ

へ

ほ

ま行

な行

は

ひ

ふ

そ

た

ち

つ

て

と

す

せ

さ

し

う

え

お

か

き

索引《さくいん》

ページの数字に＊がついたものは頭注あるいは写真の説明文（キャプション）にその用語がふくまれるものです。

欧文略語

あ

い

著者——**フィリップ・ドワイヤー**（Philip Dwyer）

オーストラリアのニューカッスル大学歴史学部教授、同大「暴力研究センター」創設ディレクターのち所長。ナポレオンの伝記（3巻本）など、フランスの革命期および第一帝政期について幅広く執筆している。*Cambridge World History of Violence*（全4巻、2020年）の責任監修をつとめ、そのほかの編著書に *Cambridge History of the Napoleonic Wars*（2021年、Michael Broers と共編）がある。現在、暴力の世界史と偶像破壊運動（イコノクラズム）史の執筆に取り組んでいる。

訳者——**荻野哲矢**（おぎの・てつや）

1978年生まれ。翻訳者。早稲田大学大学院文学研究科修士課程修了。訳書に『スロウダウン』（化学同人）、『20世紀建築の巨匠に学ぶ名作住宅をつくる方法』（エクスナレッジ）、『第2次世界大戦 作戦マップ』（河出書房新社、共訳）、『週2日ゆる断食ダイエット』（幻冬舎）のほか、展覧会図録や子ども向け図鑑、ミステリーなど多数。

翻訳協力—— オフィス宮崎　　装幀—— 遠藤陽一（デザインワークショップジン）

14歳から考えたい 暴力

2025年 4月 12日　第1刷発行

著　者————フィリップ・ドワイヤー
訳　者————荻野 哲矢
発行者————徳留 慶太郎
発行所————株式会社すばる舎

〒170-0013 東京都豊島区東池袋 3-9-7 東池袋織本ビル
TEL　03-3981-8651（代表）
　　　03-3981-0767（営業部直通）
FAX　03-3981-8638
URL　https://www.subarusya.jp/

印刷・製本——株式会社シナノ

落丁・乱丁本はお取り替えいたします

ISBN978-4-7991-1308-0